何もしない
リーダーの
みんなが疲れない
マネジメント

がんばらない
無理しない
テンション
上げない

伊藤彰記
著

同友館

はじめに

ポチャン…

力なく投げた小石が水面を揺らす。

なんだかもう、どうでもよくなっちまったな……
あいつらの顔も見たくないし、会社にも行きたくないな……

桜の散るまだ肌寒い4月の朝、キャーキャーと楽しそうに堤防沿いの小道を歩いて学校へ向かう小学生たちを傍目に見ながら、私の心とは裏腹に目前を穏やかに流れる豊川に向かって、ひとり小石を投げ続けていました。私は、会社の近くにある河川敷公園で、会社に行きたくなくて、朝からひとり時間をつぶしていたのです。

お互いに助け合うことなく、目に見えないところで足を引っ張り合う社員たち。働く目的は、お金と生活のため。だから、気にするのは他人の評価と給料袋の中身だけ。自分はきちんと評価されていないと被害者意識の塊と化し、言い争いや愚痴や陰口ばかり。でも、愚痴を言い合う当人たちも本音のところは話さずに腹の探り合い。損得勘定で物事をはかり、正直者はバカを見ると考えている。だから、自分から何かをしようという気持ちはないし、面倒くさいことは、誰もやりたがらない。上司が見ているときや叱られたときだけ動き、基本的にはなるべく動きたくはない。

問題を問題であると認識していない社員たち。叱っても、注意をしてもピンと来ていない。何で自分がそんなことを言われなきゃいけないんだという顔をして、開き直ってあからさまに憮然とした態度をとる社員さえいる始末。そもそも聞く耳を持たぬ社員に何を言っても無駄なこと。これじゃ馬の耳に念仏。ひどい現実を前に疲弊する私。

なぜ、社員たちは自ら考えて動いてくれないのだろう……

どうしたら自発的に考えて動く社員が育つのだろう……

世の中には、自立型の社員たちが自ら動いて成果をどんどん出している会社があるらしいけど、なんてうらやましいんだ……

それにひきかえ、わが社の社員たちは……

でも、どうしたらそんな理想的な会社になるのだろう……
うちの奴らじゃ、はっきりいって想像もつかないし、絶対無理……
しかし、経営者とは、なんて孤独な存在なのだろう……

あれから10年以上が経ちました。親から引き継いだ会社と社員たち。思いどおりにいかずに一人孤独に悩み苦しみ、そして疲れてしまっていたあの頃を思うと、天と地ほど状況が一変しました。今では、多くの方々に会社の状況を褒めていただき、社員のみんなに感謝しながら、穏やかな心持ちで経営を続けられています。さらには、自社の経営だけではなく、組織開発や風土改善のコンサルティングを依頼されて、多くのつながりやご縁をいただいています。

私は、過去に、周囲に相談することができず、自分の気持ちを誰にもわかってもらえないと感じて、孤立無援の戦いを強いられているたくさんの経営者やリーダーたちにお会いし、サポートしてきました。本書では、その中で気づいたことや学んだこと、また私自身が一人の経営者として経験してきたことを改めて整理し直し、机上の空論ではなく、実際に効果を生み出すためのリーダーとしてのあり方、そしてそれを実現するために具体的に何をすればよいのかという視点で、私が考える「リーダーシップ」や「マネジメント」について書かせていただきました。

ところで、私は４人の子持ちです。育ち盛りの４人を育てながら、会社経営も子育ても同じようなものだと常々感じてきました。つまり、人が育つ過程は、環境や立場が違っても同じであると。大人も子供も関係なく、育てる側も育てられる側も共に学び育つ。そして、まさに人の成長は人間の営みの源泉となるものであり、生きる実感に直結するものだと思っています。

学校も職場もとどのつまり、人と人とのつながりや関係性の中にあり、不信や孤独はどこにでも存在しています。その逆もまた然り。信頼関係や友情、つまり、喜びも悲しみもすべては人間関係の中に存在し、その中で人は成長するのだということをヒシヒシと感じる今日この頃です。

人も会社も変わります。どのように変わりたいのか、変えていきたいのか、それは、私たち一人ひとりの意思で決めることができると信じています。なぜならば、私自身が自らの意思で変化や成長を生み出したことを感じているからです。

無理せず、疲れず。そんなキーワードを通して、本書が皆様のゴキゲンで幸せな会社や組織づくりの一助となることを心から祈っております。

２０１７年12月

伊藤　彰記

もくじ

第2章 がんばらないマネジメント……37

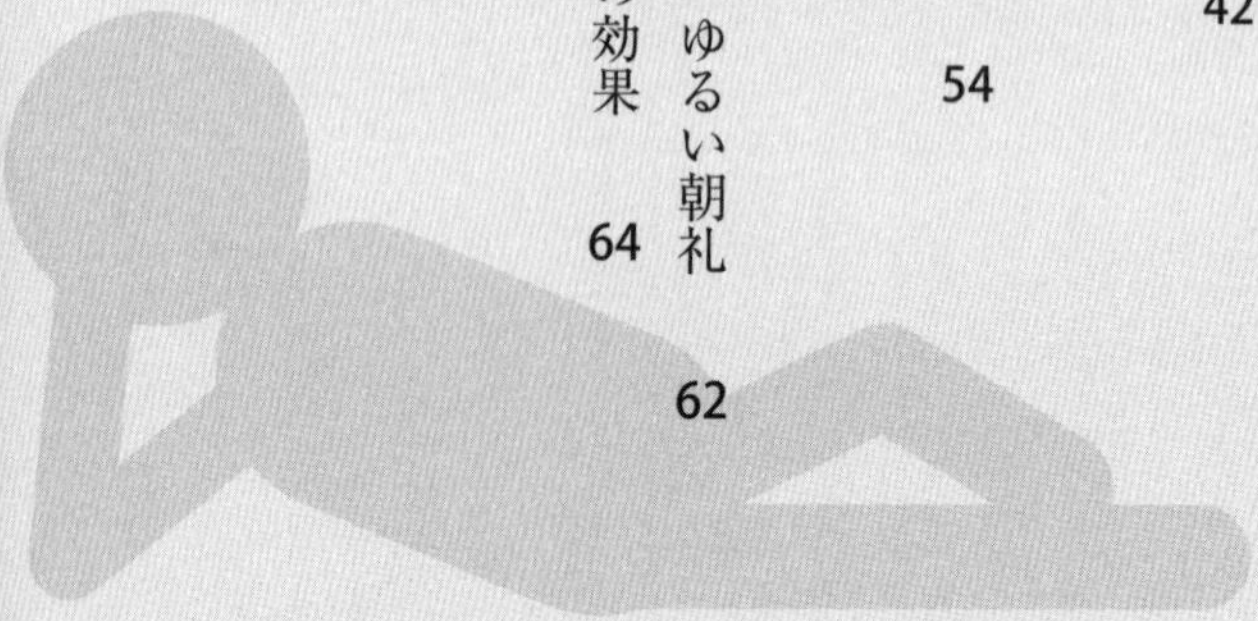

第3章 疲れないマネジメント……75

第4章　疲れない技術　113

第5章 疲れないチームづくり

第1章

がんばるマネジメント

❶ イケてる！・マネジメント

つくれば売れる大量生産時代は終わりました。少子化も進み、とにかく、もはや、やればやるほど、がむしゃらに働けば働くほど、お金を稼ぐことができるという時代ではありません。物は飽和し、世にあふれる商品の質は、どの企業のどれをとっても大差はありません。人の価値観は、物の豊かさから心の豊かさを求める傾向にあり、多様化しています。目に見える物質的な価値だけではなく、目に見えない心の豊かさや充足度を求め、余暇や自己投資のための学びなどにもお金を使う機会が増えています。

ネット社会になり、情報は氾濫し、バーチャルな世界でのビジネスが台頭しています。これからはＡＩの登場でビジネスのあり方や働き方、人間同士のコミュニケーションのとり方も大きく変化していくことが予測されます。さらには、以前には考えもしなかった一部上場の大企業すら存続がわからぬ変化の速い混とんとした時代に突入しています。そんな中で、組織やチームをけん引していくリーダーのあり方も問われています。

バブル経済がはじけるまでの昭和の大量生産時代では、一定方向の目標が定まれば、その目標に向かって組織を一丸にまとめあげ、強いけん引力でチームを引っ張るリーダーシップが求められました。経験豊かなリーダーやマネージャーが指示伝達する上意下達のマネジメントが適していたわけです。

しかし、今のような変化の激しい時代には、状況によって柔軟に形を変えることができる組織体でなければ、永続的かつ安定的に事業を存続していくことは難しいでしょう。今までこうだったからこれからも同じようにしていくというように、考え方が硬直的ではうまくいかないことが山積してしまいます。がむしゃらにがんばればよかった時代に培ったマネジメントや、リーダーのあり方が正解となりえるシチュエーションはどんどん減っているのが実情です。あえて少々古い死語化した言葉を使うならば、過去に「イケてる」マネジメントだったスタイルやリーダーシップのスタイルも、時代の変化とともに変わらなくてはいけません。今では、もはやイケてないのです。

ならば、時代遅れのスタイルは捨てたいところです。現場の社員が主体的に考え行動する下意上達のマネジメントが今の世には必要です。ところが、今なお過去の幻想にとらわれて、旧態依然としたやり方から抜け出せずに苦しむリーダーやマネージャーは多く存在しています。リーダーとして、メチャメチャイケていなくても、ノリノリじゃなくても、アゲアゲじゃなくても、チョベリグじゃなくても、フィーバーしていなくてよいのです。もはや、がんばるマネジメントはオワコン（終わったコンテンツ）です。オワコンという言葉自体がオワコンか…。

② がんばってしまうリーダーたち

私は、愛知県豊橋市という地方都市で、70年続く鋼材販売業の4代目の社長をしています。簡単にいえば、鉄を使って何かをつくるお客様に鉄を売っています。ですから、材料屋と呼ばれることもあります。以前は鉄といえば「産業の米」ともいわれ、鉄鋼業は基幹産業でした。ところが今や、斜陽産業であり、衰退産業です。古い業界体質で、新しいことを嫌厭《けんえん》して他人と違うことをすれば思い切り白い目で見られるような空気が漂っています。同業者の仲間同士で集まれば、うわさ話や誹謗中傷の雨嵐…。

そんな中で、私は業界ではタブーとされるようなことをたくさんしてきました。経営者になりたての頃は、ひどいこともたくさん言われましたし、相手にもされませんでした。ところが、今はすっかり手のひらを返されています。

私はここ数年ずっと、社内でスーツや制服や作業着などのいわゆる一般的な仕事着を着ていません。暑い時期になれば、Tシャツにジーパン、寒くなれば革ジャンを着て事務所にいます。日本中探しても、われわれの業界で私のような社長はいないのではないかと思います。

以前は、経営者たるものこうあらねばならぬという自分なりの幻想を抱いていましたので、いま、調べたことはないのでわかりませんが。

格好つけていろいろとがんばっていました。スーツを着て身なりをビシッと整え、威厳あるように見せなくてはいけないと思い込んでいました。周囲からどう見られているかということをいつも気にしていましたし、社員のみんなに対しても尊敬されるように強い姿を見せなくてはいけないと、弱い自分をひた隠しに隠しました。

弱みは見せず、常に強がる。するとどうなると思いますか。なかなか他人に謝れなくなるのです。自分の主張を必ず通そうと口が達者になり、相手を論破することばかりにエネルギーを注ぐようになりました。結果、敵がどんどん増えました。他人をなかなか認められず、褒めることも感謝することもできないありさまでした。つまり、「ありがとう」も「ごめんさない」も言えない嫌な奴だったのです。

素直じゃないし、取っつきにくくて常に斜に構えている。すると、誰にも頼れませんから、強くて何でもできる自分を作り上げていかねばなりません。そのためにたくさん勉強しました。業界のことも経営のことも、社内ではおろか、周辺の同業他社のリーダーたちよりも結果を出そうと必死に考え行動しました。社内の私以外の役員たちにも文句を言わせないように成果を上げなくてはいけませんでしたので、一言でいえば、猛烈にがんばりました。

私が経営陣の一角に入ったときには、すでに60年近く経っている老舗ではありましたが、社員たちに帰属意識や愛社心などなく、団結力もなければ、目的意識も目標達成意欲も何もなかったように思います。とりあえず、給料をたくさんもらえればそれでいいという低いモチベーションの中で、社員同士のコミュニケーションも希薄でした。社内の雰囲気は悪く、まさに典型的にフキゲンな職場環境でした。仕事中に怒号が飛び交い、社員同士で殴り合いの喧嘩も起こる始末。男尊女卑のひどい文化があり、女性事務員が涙を流している姿はめずらしくありませんでした。

私はというと、私を子供のころから知っている古参社員たちもたくさんいましたので、何とか見返して立場を逆転させようと必死でした。そのような環境が、私をよけいに強くあらねばならないという心境に追い込んでいったのだと思います。私自身は事業承継者という立場ですが、創業者であっても似たような状況に自分を追い込んでいるリーダーたちは少なからずいるかと思います。

ほとんどのリーダーは、自分が経営する会社や所属する組織を変えたい、よりよくしたい、なんとかしたいと思っています。もちろん、私もそのうちの一人です。しかし、私は、何をしたら、どう変えたらよいのかわからなかったのです。世の中には、すばらしいリーダーがたくさんいらっしゃいます。偉業を成し遂げた名経営者たちから学ぶことはたくさんあります。しかし、学べば学ぶほど苦しくなっていきます。そんなにすごい経営者たちの偉業を真似することなど到底無理だと、諦めの壁が立ちはだかるのです。

「すごいな～。でも自分には無理だな…

だって立場や環境が違うし…

そんなにストイックに仕事に打ち込めないよ…

それはあんただからできたんでしょ！」

そして、対応できないから結局なかったことにしてしまう。だから、いつまで経っても同じことの繰り返しで、一向に何も変わらない。そして、どうせ結局何をしても変わらないのだからと、そのうち完全に諦めることになる。結果的に組織は脆弱化し、衰退の一途をたどる…なんてことには誰もしたくないはずですよね。

そもそも、ついついがんばってしまうという気質は、日本人の国民性や精神性にも大いに関係しているのかもしれません。まじめで責任感の強い日本人気質が自分を追い込んでしまう環境を自ら作り出していることも考えられます。がんばり過ぎてうつ病などの精神疾患に陥ってしまうケースも多く、自殺が文化の一部になっているようにさえ見えてしまいます。しかし、こんな悲しい結末をはじめから望んでいる人は誰一人としていないはずなのです。ならば、何かが違うとしか言いようがありません。

❸ がんばって間違うマネジメントケース〈パート1 直す・正す〉

「違うでしょ！　なんでわからないの⁉　さっきも教えたじゃないっ！」

わが家の子供たちが奥さんに叱られながら宿題をしている光景。その姿を見ながら自分も母親によく叱られたものだなぁと、当時のことがフラッシュバックしてきます。私は天邪鬼だったせいか、説教されるとついつい反発したくなるという性質で、しばしば母親と口喧嘩をしていました。

「宿題やったのっ！？」

「うるさい！　今やろうと思ってたのにっ！」

はっきり言って全然やろうとしていませんでしたが、言われるとやけに抵抗や反発をしたくなるんです。ついつい反射的に反応してしまう。ですから、学生時代、喧嘩を売ることはしませんでしたが、売られるとついつい買ってしまうというおバカをしばしば繰り返し、周囲の方々に多大なるご迷惑をおかけした次第でございます…。

人は、自分が非難されていると思うと、反射的に自分を防御しようとする習性を持っています。誰しもが基本的には自分が正しいと思いたいものです。ですから、本能的に非難をされると壁を作り、相手を排除しようとしてしまいます。つまり、他人に対して、一方的にその相手の言動を直したり、正そうとすることは逆効果になってしまうことが大半です。

かくいう私は、母親が躾に厳しい人だったのにもかかわらず、反発ばかりして、ろくに挨拶もできない自己中心的な悪ガキでした。ところが、あることをきっかけに私は急に挨拶がきちんとできる子に変わりました。それは小学校からの親友の家族に触れたことがきっかけでした。決して裕福な家庭ではありませんでしたが、とにかく温かい家庭でした。そして、家族みんなの挨拶がとにかく大きな声で自然で清々しかった。私はその姿を見て聞いて、そして、その家族の輪の中にいるだけで自然と挨拶をすることを覚えたのでした。強制されたわけではなく、私自身があいさつすることの気持ちよさを自ら感じて学習しただけです。この経験はリーダーとなった今、私の経営やマネジメントのうえで大きな糧となっています。

リーダーとして自分が期待しているように社員や部下が動かないときに、まずはじめにしがちなことはお説教です。ところが、これは最も効果が得られず、うまくいかないことです。つまり、多くのリーダーがひどく効果の低いことにいたずらに時間をかけているという実情があるのです。

私もサラリーマン時代、

「こいつだけはいつかみてろよ…メラメラメラ」

と憎悪の炎をたぎらせた上司の下で働いたことがあります。どうやら世の中には役職者や、マネージャーになって大事なことは、威張ることや怒ることであり、怖い存在になることだと勘違いしている人がたくさんいます。また、部下を自分の手足のようにこき使うことができる特権付きのポジションを手に入れたのだと勘違いしている人もいます。つまり、自分が楽できるのだと。私がメラメラした元上司もそのような類の人でした。ですから、まったく尊敬も信頼もできず、この人のようにだけはなりたくないと思ったものです。

立場や役割として責任を感じ、何とかせねばならないと社員や部下の言動を正すことが使命だと思い、がんばっているリーダーはたくさんいます。しかし、自分より立場の弱い人に対して強権を発動し、コントロールしようとすることは、極端なことをいえば、いじめと似たようなものです。一歩間違えば虐待にもなりかねません。

親子の関係も同じです。子供に対して親だからと理不尽に怒ったり、そのときの気分で接するのは親のエゴです。ところが、実は親もそのまた親にされてきたことだったりします。親も当然ながら、子供だったときがあるわけで、子供のときに親から受けたコミュニケーションのとり方をそのまま自分の子供に対してしてしまっていることが多分にあるわけです。これを心理学的には世代間連鎖といいますが、実は同じようなことが会社でも起こっています。上司の上司、そのまた上司がしていることは会社内に連鎖します。おそらく、私が憎悪した上司も、そのまた上司に同じように接せられてきたのでしょう。

説教やダメ出しばかりの文化や風土がある会社では、人は成長しません。なぜなら、悪いところやあらばかりを探すようになり、失敗を許さなくなるからです。すると、よいところにフォーカスすることがありませんので、承認されることや褒められることが極端に減っていきます。

では、そのような環境で働く人は、いったいどうなってしまうのでしょうか。もちろん叱られたくはありませんから、失敗しないように行動するようになります。つまり、チャレンジすることもなく、スピード感もない指示待ち人間ばかりになっていきます。さらには、もしも問題が発生することがあれば、ばれないように必死に隠すことになるでしょう。すると、上司はますますあらを探すようになります。

お互いが信頼できず、疑心暗鬼と恐怖や不安のなかで、よりよい成果が生まれにくい残念な組織が出来上がります。信頼関係のない組織には当然チームワークなど生まれません。もちろん成果も上がりません。離職者も増えて採用や教育コストも増加します。しかし、それでもなお、社員や部下を取り憑かれたように説教し、非難することをがんばり続けるのです。

4 がんばって間違うマネジメントケース〈パート2 教える・伝える〉

感情のままに相手の落ち度を非難してもなかなか聞き入れてくれません。当然ながら、他人は簡単に自分の思いどおりには変わってくれません。ならば、次のステップとして考えなくてはならないことは、どうしたら自分が伝えたいことをきちんとわかってもらえるように伝えるかということです。教育の現場でも然り、何を教えるかも大事なことですが、どうしたらよりわかりやすく教えられるか、伝えられるかということが、教え手や伝え手にとって求められる重要なポイントとなります。

今は毎日行っているわが社の朝礼ですが、私が役員になった頃は、週に一度、月曜日だけに行うものでした。当時いた役員たちが週替わりの当番でスピーチをし、その後で連絡事項を伝え、最後にラジオ体操で締めくくるという、どこにでもありそうなスタイルで行っていました。

ある役員は、いつもしかめ面で、こんなクレームがあった、あんな失敗があった、こんなにも成績が悪かったと言ってはいつもお説教。ときには名指しでダメ出しをして個人を吊し上げです。また、ある役員はスピーチのたびに売上を上げましょう、利益を上げましょうと、毎回オウムのように同じことを繰り返していました。はたまた、ある役員はボソボソと何かを話していますが、屋外だったということもあり、イマイチ何を言っているのかわからないようなありさまでした。

さて、かくいう私が役員になって始めたスピーチはどんなものだったのでしょうか。私はあちらこちらでネタを探しまくりました。なんとかいい話をしようと、ありがたい話やためになる話などを、自社の失敗事例を取り上げては教訓としてスピーチしたのです。この会社はこんなにいいことをしてますよ、私たちも見習いましょうと言って。

多くの人たちがネットで朝礼のことを検索しますが、その検索理由のほとんどがスピーチのネタ探しです。私も必死で探してネタをストックし、次の朝礼のスピーチに備えたものです。そして、朝礼当日、スピーチし終わり、自己満足の中で社員の顔を見渡します。ところが、熱を帯びた私と対照的に、何とも覇気のない顔つきです。いいことをスピーチできたと興奮していたのは私だけ。それでも、まだ私はいいほうでした。他の役員たちがスピーチをしているときはあからさまに眠そうで、あくびは出るし、うつむいたまま一度も顔を上げない社員もいる始末。ラジオ体操もダラダラしているし、もう朝から最悪です。

とはいえ、悲しいことに私を含め、誰のスピーチも五十歩百歩で、結局、社員たちの心には届いていませんでした。ん〜、なんてこった。必死でネタを集め、時には事前に練習までして良かれと思って準備までしていたのにもかかわらず、何の役にも立っていない。むしろその逆で、社員たちのやる気や元気を削いで状況を悪くさえしているのです。

しかし、経営陣の思いとは裏腹に、なぜそのようなことが起こってしまっていたのでしょうか。私は他の役員のように、別に怒っていたわけではありませんでした。吊し上げることもありませんでした。売上や利益の話ばかりをしてもっと働けとばかりに鼓舞したわけでもありません。ボソボソとダラダラしゃべっていたわけでもありません。きちんとオチまでつけてがんばってネタを考えて伝えようと必死にがんばりました。それでも同じ結果というのは納得がいきませんでした。

いったい、何がいけなかったのでしょうか。当時はよくわかりませんでしたが、今はよくわかります。私がやろうとしていたこと、結局それは、社員たちを直そう、正そうとしていたことだったのです。要はソフトなダメ出しです。表面的にはきれいに話をまとめてはいましたが、意図はしていなくても、非難して攻める構図をつくっていました。わかりやすく伝えようと努力していたものの、結局、伝わっていたことは同じ。受け取られていたのは私の心です。相手を非難する心をしっかり社員たちは受け取っていたわけです。ならば、私はいったいどんな心の持ち方で接すればよかったのでしょうか。私がしていたことは他の役員たちがしていたことと同じであり、誰がスピーチしても大差なかったということです。嗚呼残念！

話は変わりますが、私は小学生の頃に唯一なりたかった職業があります。それは小学校の先生です。

4年生のときの担任の先生で熊田先生という方がいました。彼の授業は独特で、本来の授業そっちのけで、先生が経験してきた戦争体験や子供のころの出来事を面白おかしく話をしてくれました。私は、先生の話が大好きで夢中になりました。また、熊田先生は、頻繁に課外学習で校外に私たちを連れ出してくれました。その時間もとても楽しく、学校に行くのが毎日楽しかったことを今でも覚えています。すると不思議なもので勉強にも身が入り、成績も上がったのです。先生のことが好きだった私は、彼に褒められたいと思っていましたし、尊敬する先生のようになりたいとも思っていました。

当時の熊田先生と生徒だった私の関係はそっくりそのまま、会社でも当てはまります。わかりやすく伝えることは大事です。しかしながら、何をどのように伝えるかよりも誰が伝えるかということがもっと大事なことです。伝え手が伝える内容も大事ですが、その前に誰が伝えるか。そして、どんな心で伝えるか。リーダーに対して尊敬の念や信頼する心が生まれると、自然と成果は高まります。つまり、リーダーのあり方次第でフォロワーのあり方が変わり、組織の成果が変わります。本書では、がんばらなくてもフォロワーのあり方によりよい影響を与えられるようなリーダーになるために必要なことを、少しずつお伝えしていきます。

5 がんばって間違うマネジメントケース〈パート3 傾聴する〉

リーダーやマネージャーが一方的に指示して教えたり伝えたりすることがうまくいかないことがわかると、次に考えることは相手の話を聴くことです。話し上手は聴き上手。コミュニケーション上手は聴くことが上手です。社員や部下が主体的に考えて行動していけるようなかかわり方を考え、いわゆるティーチングよりもコーチングやファシリテーションなどのスタンスでコミュニケーションをとることを選択し、導きます。

私が役員になってからすぐに、直接的に利益を生み出すための戦略構築はもとより、組織開発や内部統制にかかわる、いろいろな取組みを行いました。社員の意識改善やモチベーション向上にかかわることから、工場内の設備の改修改善、業務マニュアル作成や仕組みづくりに至るまで、手つかずだったソフト面からハード面に至るありとあらゆることに着手しました。60年も操業してきたのにもかかわらず、はっきりいって何もなかったのです。理念や社是・社訓もなく、就業規則すらあるような無いような。ひたすら利益を出すことだけを考えて、がむしゃらにがんばって駆け抜けてきた結果でしょう。そんなことを気にする必要もなかったのだと思います。

ところが、そのがんばった証であるところの還元材料、つまり給与も賞与も鉛筆ナメナメの評価で配分されていました。ですから、あらゆることにおいて公平性に欠け、経営陣に評価されている一部の人たちを除いて、あちこちで評価者に対して不平不満と愚痴のオンパレード状態です。このままではいずれ自分も同じように愚痴られると思い、ゾッとしました。

そこで、目標管理と評価、そして賃金を連動させた制度を構築し、そちらに移行しようと社員全員を集めて説明会を開催したわけです。しかしどうでしょう。なんと総スカンに近い状態です。もうドッチラケ状態。（古いか・・ドン引き？）なんにしてもこのままでは社員の半分以上が辞めてしまうのではないかという窮地に陥りました。

そもそも私の目的は、不公平のない健全な組織をつくることです。良かれと思って取り組んだことに猛反対されるとは思わず、はっきりいって私はキレかかりました。

「ちくしょ〜　どいつもこいつもふざけやがって…。人が必死にがんばって勉強して良かれと思うことをしてんのに、いったい全体どういうことだ！　ふざけんな！　好き放題に勝手なことばかり言いやがって…。辞めたけりゃ辞めちまえっ！」

私の腹の虫は、収まりません。しかし、口から出てきそうな虫さんをナイナイし、もう一度自分のお腹に収めてから、一人ひとりにきちんと説明をしようと面談を始めました。あの頃の私がよく我慢できたものだと、今となっては誰も褒めてくれないので、自分で自分を褒めてあげたいと思います（笑）。

さて、いざ面談を始めると毎日胃が痛い。真摯な説明と同時に、彼、彼女らの話を聴こうとがんばったからです。しかし、好き勝手を言う社員に対してイライラし、今日は何を言われるのだろうかとヒヤヒヤする日が続きます。あの当時のことは思い出したくもありません…。しかし、イライラの矛先は社員だけではなく、同時に、旧経営陣にも向き始めたのでした。

「だいたい、なんで自分がこんな思いをしなくちゃいけないんだ?」

「はっきりいって、あんたらの尻拭いさせられているのも同然じゃないか!」

モヤモヤとした気持ちのまま、ひどい悪循環のなかで面談は続きました。

こんな調子ですから、正直なところ社員の話をまともに聞いていたとは思えません。冷静を装い、努めましたが、相手は感じていたことでしょう。私の言葉の奥にある、自分たちを非難する心の声を。そして、そもそも私自身に、みんなの声を汲み取るために話を聴こうという気持ちがないということも。私は、私自身のために話を形式的に聞いていたふりをしていただけだったのです。

おせっかいな人はどこにでもいるものです。その人たちは、一見相手のことを考えた思いやりのあるような言動をとります。ところが、そのような人は、押しつけがましく、自分が他人に対してしたいことをしているだけです。そこに相手の意思は関係ありません。つまり、相手に対する関心がないのです。だから嫌厭されるのです。私がしていたこともこれに近いものがあります。それにもかかわらず、なぜわからないのだと腹を立てていたわけです。まるでストーカーが、なぜ自分のことを好きにならないのかと逆上しておかしくなっている状態を垣間見ているようです。

つくれば売れる時代のマネジメントに慣れ親しんできた40代以上のリーダーやマネージャーの中には、依然として今もなお変わらずに、同じような感覚を持ち続けてしまっている人たちがいます。そもそも仕事は辛く厳しいものであり、楽しいはずがないのだと。だから、厳しく監督して指示命令することが必要であり、目標に達しない場合は罰則を与えることが必要なのだと信じて疑っていない人は未だに多くいます。

しかしながら、この感覚を持ち続けていれば、社員や部下の話はそもそも聴けなくなります。すると自立の道は閉ざされて、依存社員ばかりの組織になってしまいます。

お説教しても、教えても、傾聴しても、自分の心の持ち方や考え方を変えずにがんばり続けても、相手はなかなか思うように変わってくれないのが現実です。しかし、がんばらなくても自然なコミュニケーションはとれるのです。

6 がんばる昭和とがんばらない平成

近年、ますますメンタルヘルスやワークライフバランスなどの重要性が取り上げられ、「働き方改革」が叫ばれています。過去と比べれば労働者保護の観点で行政が動いていることもありますが、時代の流れもあり、文化水準や生活水準が向上し、価値観や働き方が変化していることが大きな背景にあります。

しかしながら、イマイチそれらの重要性を受け入れることができないまま、対策を怠って放置してしまっている中小企業の経営者もかなり多いのではないかと思われます。私も同じ中小企業経営者として、大企業でさえ過剰労働の問題を払拭《ふっしょく》できずに社会的な問題となっているのに、時間もお金も余裕もない中小企業がそこまで本腰を入れて従業員の働き方の改革に乗り出せないという実情もわからなくはありません。

そして過去に、家庭のことも置き去りにし、帰る時間も忘れてがむしゃらにがんばって働く企業戦士だったリーダーたちは、過去の働き方の呪縛からどうしても抜け出せずに今の世の流れを憂いて、こう嘆くのです。

「最近の奴らは軟弱になったものだ…」

「根性がない。男は仕事してナンボなのに…」

ところが、思いっきりざっくり論で言ってしまえば、今時の若者たちは根性論で語られたところでまったく響きません。ウケません。背中を見せてついて来いと言ってもついてきませんし、仕事は盗むものだと言って教えずに放置していれば、そのうち簡単に辞めてしまいます。年功序列や終身雇用が半ば崩壊している現状で、そもそも長く働くことが大事なことだとは思っていませんし、イヤだと思えば簡単に転職を考えます。手取り足取り教えて指示を出していても応用力がなく、基本的に言われたことしかできません。叱ってもらえて感謝するなど意味不明なことであり、なぜ自分が怒られなければいけないのかとストレスを溜めてしまいます。褒められることは好きですが、叱られることに慣れていないので、一見ふてぶてしく見えるわりには打たれ弱く、まるでガラスのハートです。もちろんそうじゃない若者もいますが、10年以上新卒採用を繰り返してきた得た私の正直な感覚です。

最近では、新型うつなどという奇妙な病気まで生まれてしまいました。これは従来型の自罰的なうつ病とは正反対に、他責、他罰型の傾向を持つ心の病です。おじさん世代のわれわれとしては、はっきり言って無責任のわがまま病としか言いようがありません。学校に行きたくなくて、本当にお腹が痛くなってしまう子供の延長線上にあるような病ですが、実際に本人は苦しんでいるので軽視できません。このような背景を鑑みると、残念ながら、もはやこれからの時代、強く勇ましいリーダーの姿は必要とされていないようです。

7 病に侵された組織

組織開発のコンサルティングをしていて改めて感じることは、やはり、リーダーの影響、とりわけトップリーダーが組織に与える影響はかなり大きいということです。つまり、社長の存在やあり方がほぼその組織のあり方を決めているといっても過言ではありません。中小零細企業であればなおさらです。

私がコンサルティングを請け負う場合、まずその組織内で最も影響力を持ったトップリーダー自身が、これから推し進めようとする組織開発や、風土改善の取組みに対して、率先して参加し、主体的にかかわる意思を持っていることが必須条件となります。そうじゃなければお断りしています。なぜならば、大して変化や効果が望めないからです。

社長が自立した組織に変革していきたいと望むのならば、必然的に下意上達でボトムアップの組織体にすることが求められます。ところが、社長自身がその変化を阻む一番の原因となってしまうのです。

社長がやらかしてしまう最もまずいこと。それが「鶴の一声」。ご存じのとおり、「鶴の一声」とは、全体の考えや意見を取り上げずに、否応なしに従わせるような有力者や権威者の一言をいいます。現場で働く社員たちがせっかく時間をかけて決めた事柄が、社長の一言で簡単にコロッと変更されていたのでは、たまったものではありません。

しかし、残念なことに、実際には、リーダー自身が鶴の一声を発動してしまっていることに気づいていないことが大半です。無自覚なままに思いついたことを上意下達で発してしまっているというわけです。トップダウンではなく、ボトムアップの組織にしたいと思いながらも、やっていることは真逆の言動。しかし、本人としたら、悪気なく無意識にやっていることなので始末に負えません。

どの組織でもコンサルティングを始めると、早い段階で大なり小なり何らかの変化が表れます。しかしながら、いい感じで変化してきたなと思っていると、急に停滞し始めてしまうことがあります。乗り越えられない壁にぶち当たり、前進できなくなるのです。小さな組織であるほど顕著にその傾向が表れます。

コンサルタントは、クライアント企業さんにずっと常駐するわけではありません。訪問日、久々に行ってみると何やら空気がおかしい。そこで社員さんたちからヒアリングしてみると、案の定やらかしているのです。社長が鶴の一声を。つまり、壁の正体とは社長の存在です。

「なぜ自分で考えて行動しないいんだ!」

そう言って社員や部下の言動に疑問を持って自立を求めるリーダー。ですが、なぜと言われてもねぇ。言わせていただくならば、答えは明白。極めてシンプル。リーダー自身が自立させていないだけです。依存を強いるようなマネジメントを組織内に確立させているという事実が存在しているということです。

自立できないような環境をせっせとつくっているのは当の社長自身。自立してほしければ自立できるような環境をつくらねばなりません。

ある企業の社長さんと話をしているときに、こんなことを言われたことがあります。

「伊藤さんの会社はいいほうですよ。以前はフキゲンな会社だったといっても、ケンカするほど言いたいことを言い合う社員がいたわけですから。ウチは文句も言いませんが、よいことも悪いことも何も言いません。おとなし過ぎてイヤになりますよ…」

そこで私はこう尋ねました。

「もしかして、今までたくさんの社員さんたちのクビを切ってきませんでした?」

それを聞いた社長さんの表情がにわかに豹変したのを覚えています。まるで、おでこに

「なんでわかった!?」

とでも書いてあるかのようでした。そりゃ、簡単にクビにされたら、言いたいことも言えません。保身のために、自ら考えることも、行動することもやめてしまうのです。

さて、トップダウンにするのか、ボトムアップにするのか。まずはリーダー自身が組織のマネジメントスタイルを決めなくてはいけません。そして一度決めたのならば、発言したことと

行動を実際に一致させていくことが求められます。リーダー自身の考え方と言葉、そして、行動に一貫性がなければ、周囲が振り回されて葛藤状態が起こってしまいます。これは、たとえるならば、アクセルとブレーキの両方を同時に踏んでいるようなものです。

たとえば、親に「おいで」と呼ばれて、いざ近寄ると突き飛ばされ、近寄らずに無視すると怒られる。再び近寄って行ってもまた拒絶される。このような矛盾した葛藤状態の中に置かれた子供はどうなるでしょうか。

この解決不能なジレンマがもたらす状態は、心理学的には「ダブルバインド」と呼ばれています。板挟み状態。このダブルバインドの状態が長く続くと、うつ病や統合失調症などの精神疾患を引き起こす原因となってしまうのですが、会社も人の集合体。あなたたちに任せるから自立してくださいと言っておきながら、社長自らが鶴の一声で多くのことを決めてしまったり、指示命令を下したり、グチグチとお説教ばかりを繰り返されたらどうなるでしょう。組織だって病んでしまいます。

無気力で依存症。そんな組織の病を回避するためには、矛盾を回避することです。葛藤状態が諸悪の根源を生み出してしまいます。

8 夢の経営者的社員

「毎月、試算表の大まかな数字は公開しているし、決算の結果も公表して説明している。ところが、一向に数字に対して責任感や自覚が生まれない。はたして、どうしたものか…」

「何でこんなこともわからないんだろう…。自分は、自ら学んだし努力もしてきた。あの人たちは学ぶ意欲がないのだろうか…?」

ある社長と話をしていたときです。期待どおりの行動をしてくれない社員たちに対して嘆き、思うように利益が出ない状況に対して悩んで愚痴をこぼしていました。

経営者ならば成果の出ない状況があれば当然不安に思いますし、大きなストレスにもなります。しかし、簡単には結果のコントロールはできません。いや、そもそも結果はコントロールできるものではありません。コントロールできることはプロセスと今からできる自らの行動だけです。結果はあくまで結果です。

私は経営者になって間もない頃、とにかくわからないことだらけの経営に対して不安に思い、その不安を払拭するために、自ら望んで多くを学びました。本を読み漁り、さまざまなセミナーを受け、異業種交流会に参加して、自分と同じような立場の経営者たちから学び、そしてさまざまな経験を通して、自分なりに自信をつけてきました。それは私が経営者としての役割を得たことや、そうした環境に置かれることによって自然発生的に起こったことです。それも仕事のうちだと。ですから、社員が自分と違うと嘆くことは非常にナンセンスな話なのです。同じ感覚を持ってもらいたければ同じような環境に置けば済む話です。社員が社長のような感覚を持って学び行動したら最強の組織になるでしょうが、そんなことになるはずがありません。だって、そもそも社員は経営者じゃないのですから。

社員に対して、経営者感覚になりなさいとがんばって指導している経営者をたまに見かけますが、そんな感覚になれるはずがありません。知りもしない世界の住人になれるはずがないのです。たとえば、私がアメリカ人から、「今からアメリカ人感覚になりなさい」と急に言われても、何となく想像はできても土台無理な話です。なぜならば、私はアメリカ人ではないし、住んだこともありませんから。なんちゃって感覚でＯＫならばなんとか演じますが…。

社員たちは目の前の仕事で精いっぱいです。彼、彼女たちは、今をつくる仕事で精いっぱい。経営者でもプレイヤーや作業者になっている方もいますが、未来をつくる仕事が本来の役割です。つまり、元来、役割が違うのです。その役割をそれぞれが担うように分業し合うのが健全な組織のあり方です。社長と同じようになどがんばれません。そもそも、そこをスタートラインとして考えることがストレスから解放されるために必要なことです。

9 がんばる社員を期待しない

語弊があるかもしれませんが、私は社員たちに「期待」していません。期待していないというのは、結果を当てにしないということです。

責任を押しつけ、他人任せにして、それで自分の望んだとおりの結果を手に入れることができたなら、人生こんなに楽なことはありません。思うようにならないのが人生であり、だからこそ努力し、自分の成長を実感できるのだと思います。

他人に期待をすれば、大抵の場合は裏切られます。それが普通。自分の思ったとおりに仕事をしてくれる社員ばかりだったら苦労しません。時に予想以上の働きをしてくれる社員がいますが、そのときは儲かったレベルで喜びます。自分の期待や予測を超えると感動が生まれます。だから、感謝の気持ちで接することができます。ありがたいと本気で思えます。

私は、結果には期待しませんが、どんなプロセスをたどってほしいか、どうあってほしいかということは理由をつけて発信します。結果に関してはコントロールできませんので、祈るだけです。こうなったらいいな、ああなったらうれしいなと。そして、社員の成長を祈ります。私にできることは、成長してくれたらうれしいなと応援し、祈ることぐらいです。なぜなら、成長するのは私ではありませんし、しょせんは他人だからです。その人自身が成長したいと思わない限り、自ら望んでがんばることはありません。

根っからやる気を出さない人、本気を出さない人間など、この世にいません。本来、成長や変化を細胞レベルで望んでいるのが人間です。私はテレビゲームをしませんが、ロールプレイングゲームの同じステージをクリアもせずに永遠に繰り返したいと思う人はまずいないでしょう。時に、惰性で慣れた環境を好むのも人間ですが、飽きるのも人間です。要は、やる気にならない、学ばない、努力しない、行動しないというような社員や部下の状況があるならば、それは、モチベーションが上がらず、やる気が出ないような環境があるだけです。

ならば、リーダーの役割は明白です。行動したくなるような環境をつくるだけ。それしかありません。どのように環境をつくればよいのかは後述したいと思いますが、何も働きかけずに勝手に行動したくなるなんてことはそもそも虫のいい話です。社長としては、給料払ってんだからそのぐらいしてほしいよと期待したいかもしれませんが、労働者側からすれば、もらっている給料の対価分ぐらいは働いてやってるよ、それ以上望んでくれるなよと思っているかもしれません。

仏教では「諦」の字は「テイ」ではなく「タイ」と読み、「悟り」「真実」などの意味で使います。つまり、がんばらないことで道理を得るわけです。ですから、いい意味で諦めてしまいましょう。

10 結果にこだわるコントローラー

労働をお金の価値だけではかるような働き方を強いていれば、まずやる気は削がれます。つまり、結果を重視して報酬でコントロールしようとするマネジメントだけではうまくいきません。インセンティブや成果報酬などの制度が生み出すのは個業主義であり、組織内の協働関係は生まれにくくなります。連携するためのコミュニケーションやチームワークは壊滅的になくなります。どんな組織にしたいのかは経営者の価値観で決めればよい話ですが、私個人としてはなるべく社内の人間関係で悩みたくはありません。ですから、そのような悩みの種がなくなるような環境ができるような選択をしています。

私が営業マン時代、営業部のトップリーダーから散々言われ続けたことがあります。

「結果がすべてだ。稼いでナンボだ」

洗脳されるほど、この言葉をシャワーのように浴び続けました。結果がすべて。そして、洗脳は経営者になってからも続きました。

「結果と数字がすべてだ。われわれ経営者は待ってなんていられない。日々やってくるあらゆる問題を解決し、効率的に利益を確保するのがミッションだ」

そう言われ、理想と現実の狭間で右往左往しました。営業の仕事だけに従事している間はそれでもよかったと思います。会社を離れ、お客様のところへ逃げ込めば、社内や社員同士の問題からは一時的に離れることができたからです。社内の連携がうまくとれていなければ、お客様からのクレームとなり、自分のところに跳ね返ってきますが、それでも、自分の努力次第で直接的に売上や利益を上げることができました。つまり、結果をコントロールしている感覚に近い体感が得られるところにいることができたのです。

しかし、経営者になると勝手が違います。今まで目を背け、聞かないふりをしてきた社内の問題に向き合わざるを得なくなったのです。ですから、コミュニケーションが悪くチームワークをうまくとれない状況を考えて、プロセスにメスを入れようと、一見して結果と結びつかないような非効率な取組みに着手し始めました。しかし、上司からは、

「おまえはやさしいな…」

そのように言われました。もちろん褒め言葉なんかではありません。半ば呆れ口調の皮肉です。

「われわれは結果に追われている。だから、社員の意識やプロセスの話なんていらない。社員のやる気をのんびり待つなんて悠長な感覚など無用。あいつらを待っている時間などない」

そう言って、私がしようとすることにまったく理解を示してもらえませんでした。しかし、仕方がありません。昭和のマネジメントではそれが是とされた側面もありましたし、おそらく

先輩役員もそうやって教育されてきたのですから。私も30年早く生まれていたら同じことをしていたでしょう。

社員の意思や主張を認めず、尊重せず、否定やダメ出し、説教ばかりのマネジメント。結果を出せず、仕事ができない人は、無視か排除。すると、しだいに能力が高い人にだけ仕事が集中する風土や環境が出来上がり、一部の人だけのがんばりに頼ることになってしまいます。結果、負担が大きくなった能力の高い社員は不平不満がたまり、去っていくことになります。そして、残るのは、能力が低い人、もしくはよいことも悪いことも含めて何も主張しない人、はたまた、やる気もなくただダラダラといるだけの人など、残念な結末がやってきます。つまり、結果を追い求め、依存すればするほど、よりよい結果から遠ざかることになってしまうのです。

結果重視のマネジメントによって、社員の成長の機会は失われることになります。会社の成長は社員の成長の結果です。結果ありきのマネジメントは、自立した人格を阻害します。しかし、これからの時代、自立型人材を育てないということは、長期的な会社の成長を放棄することにも等しいことです。会社を依存型の社員ばかりにすれば、未来はありません。

たとえば、親子関係に目を向けてみると、過干渉や過保護、反対に無関心、ネグレクトなど、子供の自立を阻み、健全な成長を阻害する要因は、すべて親のかかわり方によって引き起こされます。自分の力では何もできない甘ったれのボンボンや、愛情を知らぬ子供が他人に対して良好な人間関係を築くことはできません。つまり、同様に、社員が健全に成長しないのも、社員同士が良好な関係を築けないのも、顧客に対して良好な接客ができないのも、すべてはリーダーや経営者のかかわり次第であり、大いなる課題なのです。

企業は人なり。永続的によりよい結果、つまり成果を生み出すための強い土台をつくることは短期型の戦略ではなく、長期型の戦略です。それは、問題の根本解決を狙うものであり、対症療法を目的としていません。

短期型の戦略を求めれば、一見形の違う問題が何度も繰り返し生まれることになります。私は何度も何度も繰り返し起こる火事の火消しに奔走する毎日はイヤです。それが苦にならない人は、一見楽そうに思える短期的な視点で社員をコントロールするマネジメントをお勧めします。あれこれと過干渉の親のように、いちいち部下の業務にしつこく干渉するようなマイクロマネジメントをしてみてください。自分の言いたいことも言わず、勝手な行動もしないロボットのような都合のよい社員が出来上がります。

ただし、何らかの理由でコントローラーがいなくなれば、あとはどうなるか保証できません。つまり、永続的な繁栄は望めません。

がんばるマネジメントとは
コントロールするマネジメントのことである

1　がんばるマネジメントは、オワコンである

時代の変化に伴い、新時代の組織やリーダーのあり方が問われている。

2　がんばるマネジメントは、歪を生み出す

まじめでがんばり過ぎるリーダーほど、苦悩や敵を増加させてしまう。

3　がんばるマネジメントは、信頼関係を駆逐する

相手を非難することばかりにがんばっている組織に信頼関係は生まれない。

4　がんばるマネジメントは、良好なコミュニケーションを阻害する

上手に伝えているつもりでも、相手を非難する気持ちがあれば大事なことは伝わらない。

5　がんばるマネジメントは、自己チュー人間を生み出す

自分のことばかりが気になると周囲が見えずに相手の話を聴くことができなくなる。

6　がんばるマネジメントは、若者にウケない

「働き方」に対する価値観の世代間ギャップが起こっている。

7　がんばるマネジメントは、責任感や自覚を生み出さない

立場や役割をそれぞれお互いが理解せず、役割分担できない不健全な組織が出来上がる。

8　がんばるマネジメントは、常に期待を裏切る

他人の成果をコントロールしようとがんばれば、逆にがんばることができなくなる。

9　がんばるマネジメントは、葛藤状態を生み出す

一貫性を欠いたマネジメントによって、無気力で依存的な社員ばかりの組織になる。

10　がんばるマネジメントは、組織の永続的な繁栄を阻害する

結果ばかりを期待して、短期の成果を追い求め過ぎれば、長期的な展望は望めない。

第2章

がんばらないマネジメント

❶ なぜ、仕組みや制度がうまく機能しないのか

なぜ、理念をつくってもお題目で終わってしまうのでしょうか。
なぜ、評価制度をつくってもうまく機能しないのでしょうか。
なぜ、巷で話題の朝礼を導入しても長続きしないのでしょうか。
なぜ、社員のためにと思って始めた取組みに社員たち自身が反発するのでしょうか。
なぜ、コンサルタントを雇い入れても結果が出ないのでしょうか。
なぜ、結局社員たちの意識は変わらないのでしょうか…。

がんばって仕組みや制度を変えて社内の意識改革のきっかけをつくろうとしても、そもそも反発されてうまく導入できずに、社員たちの抵抗感やアレルギー感ばかりがひどくなってしまうことがあります。やみくもにシステムや制度を導入してもうまくいかないのです。

中国前漢の武帝の時代に司馬遷によって編纂された中国の歴史書『史記』をご存じでしょうか。歴史書とはいっても、壮大な歴史小説のような体で、130巻52万6500字にも及び、当時の人間のあり様や諸国の興亡が描かれています。

『史記』は、春秋時代、秦、漢といった、紀元前の歴史が中心で、良くも悪くも人間のあさましさが描かれています。とにかく、ひどい。気に食わないとすぐに殺しちゃいます。命のや

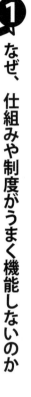

り取りがあまりに軽々しい。他人の命はもとより、自分の命ですら。親だろうが、兄弟だろうが、親族だろうが、一族郎党、皆殺しなんてざら。老人だろうが、子供だろうが、復讐を恐れて根絶やし。いわれなき罪をねつ造したり、おとしめたり。しかしながら、自分に利するもののためになんでもする鬼畜もいれば、対照的に、仁義や任侠で他人のために命を使う義士もいます。

善と悪の描写が鮮明で、良心と欲望が交錯します。結局、人間とは、善も悪も清濁併せ持った存在なのだと妙に納得させられてしまいます。

経営者にとっても役に立つことが多く、国を興し、人々を統治していく過程は読んでいて非常にためになります。まさにリーダーシップとマネジメントの話そのものだからです。特に、秦の始皇帝の話は感慨深いものがあります。始皇帝は、兵馬俑や万里の長城をつくらせたお馴染みの人ですが、彼は中国全土を統一し、初めて「皇帝」という称号を用いた絶対君主でした。よいことも行いましたが、人民を苦しめる悪政も行いました。

始皇帝は疑り深い性格で、人を信じず、法やルールに頼りました。皇帝支配を支えていた思想は、韓非子という思想家の性悪説でした。だから、まさに法やルールで人民を縛り上げたのです。始皇帝の考えはどんどんエスカレートし、ついには人民の思想のコントロールまで行おうとし始めました。

結果、孔子を始祖とする儒教の教えは弾圧されることになってしまったのです。その系統の書物はすべて焼かれ、儒家たちのうち460余人が、生き埋めにされてしまったといいます。これが始皇帝の行った世に名高い悪政の一つに数えられる「焚書坑儒《ふんしょこうじゅ》」です。

始皇帝は、傍若無人に振る舞い、人々をルールで縛り上げては、あることないことですぐに犯罪者にして処刑してしまいました、人々は疑心暗鬼と恐怖に怯え、お互いが醜い足の引っ張り合いを始めました。能力のある人間の結末は、処刑されるか、逃亡するか。いずれにしても、優秀な人間は、始皇帝の周囲からいなくなってしまいました。結局、始皇帝の没後15年というごく短期間で、あっという間に秦帝国は崩壊してしまいました。

さて、始皇帝の時代から遡ること約300年前。孔子はこう言いました。


「これを道びくに政を以《もっ》てし、これを斉《ととの》うるに刑を以てすれば、民免れて恥ずることなし。これを道びくに徳を以てし、これを斉うるに礼を以てすれば、恥ありて且つ格《ただ》し」


訳すとこんな感じになります。

「人々を法やルールによって導き、刑罰によって正そうとするのなら、彼らは罰を免れようとして恥とも思わないようなことをし始めるだろう。しかし、もし人々を道徳によって導き、敬い、尊重した姿勢で正すとしたら、彼らは恥を知り、正しくあろうとするだろう」

人間は、正しくあろうとする良心を持ち合わせていれば、利己的で自己チューであさましくもあります。性善説も性悪説もどちらも必要な考え方でしょう。とはいえ、私的にはどちらでもどうでもよいとさえ思ってしまいます。どちらもあっての人間ですから…。

自由をはき違えた無法は狂気であり、弱者が守られない世界であってはなりません。ですから、法や制度やルールがいけないわけではありません。後の前漢も、秦の法律を手本に法治の体系を整えました。400年にわたる漢の治世を見れば、秦の法律や統治システムそのものが悪かったというわけではないでしょう。要は、ルールを取り扱う側の人のあり方と運用の過程に問題が起こるのです。仕組みやルールばかりに偏るのではなく、孔子が言うように、人間の良心を信じるマネジメントをベースとしたほうが、人を活かす息の長い経営につながることを歴史がしっかりと証明してくれています。

やり方や環境は、時代とともに目まぐるしく変わります。しかし、何年、何百年、何千年経っても人間の本質は変わりません。だからこそ、心の持ち方や、人としてのあり方を重視した経営は長く続くのだと思うのです。

2 「がんばらない」と「自律」が進む

「頑なに張る」と書いて「頑張る」。

漢字だけ見ると穏やかじゃありません。激しい活動を行っているときに活性化する交感神経が優位な状態で、なんだかギラギラしたイメージがあります。外圧に打ち負かされずに忍耐強く立ち向かう様子。困難に対して挫けることなく我慢する様子。鼻息荒く、張り切り勇んで懸命に取り組む様子。自分の考えや意思を頑なに貫徹しようとする様子。とにかく想像しただけで肩が凝りそうです。

交感神経と副交感神経を合わせて自律神経といいますが、自律神経は、自分の意思とは関係なく働く神経です。たとえば、心臓や内臓を動かしたり、血圧や体温の調節をしたり、血管や汗腺の機能の調整を行ったりします。

交感神経は、緊張やストレスを感じたときに働き、心身を活発にする神経です。ストレスの多い現代社会では交感神経が必要以上に働いてしまうことで、さまざまな不調の原因となっています。一方で、副交感神経は、心身を休め回復させる役割を担う神経です。これら2つは同時に働くことはなく、たとえるならばシーソーのようなものです。自律神経が緊張と弛緩のバランスを上手にとりながら、われわれを健常な状態に保ってくれています。

「自律神経失調症」は、自律神経がうまく機能しなくなった状態です。身体的症状としては、慢性的な疲労やだるさや不眠、めまいや偏頭痛や動悸や息苦しさ、胃痛や腰痛、便秘や下痢、頻尿や残尿感、微熱が続いたりします。精神的症状としては、イライラしたり、あせりを感じたり、不安感や疎外感に苛まれたり、やる気が出ずに、抑うつ状態になったりと、人それぞれに原因は違いますが、ストレスや生活習慣や事故やけがなどが原因とされています。自律神経は、自覚的にコントロールできるものではありませんので、心身ともに一度この症状が出始めると大変です。ですから、そうならないように、症状が出る前から、よいバランスを保つことに気をつけておきたいものです。

「自律」とは、他からの支配・制約などの影響を受けずに、自身の行動を自ら立てた規律に従って正しくコントロールすることをいいますが、自律神経失調症は、まさに自律的に自分をコントロールできずにバランスを失っている状態にあるということがいえます。

現代社会にはストレスの原因になる事柄が多く存在します。職場も然り。そして直接的な原因に気づくことなく、知らぬ間にストレスを抱えて緊張状態に陥ってしまうのです。

緊張状態が続くのは危険です。前述したように自律神経が弱くなると心身ともにダメージを受けてしまうため、仕事の成果に大きく影響してしまいます。体調不良で欠勤や、ひどい場合には退職を余儀なくされるようなことがあれば、大きな戦力ダウンとなってしまいます。また、社員同士のコミュニケーションにも影響してしまい、非効率や無駄が増えることで、コスト増にもつながってしまいます。

ならば、そんな状況を回避するには、どうしたらよいのでしょうか。そのために、まずは、緊張状態に気づいたら脱力する、つまりゆるむことです。ただし、脱力しようとがんばるのではなく、単純にがんばることをやめればよいだけです。

誤解されるかもしれませんが、がんばることが決して悪いというわけではありません。時に、がんばることは大事なことです。がんばらないと乗り越えられない壁もありますし、努力してその壁を乗り越えたときに初めて成長を感じられることもあります。必要なことは自覚的になることです。自分がしていることや今の状態に気づけるように自覚的になるということです。そのことによって自律を促す機能や働きが高まります。バランスを欠く状態に陥らずに済むのです。

伸びをしているときは全身に力が入って緊張します。これは伸びた後のゆるみを得るために行っていることです。深呼吸も同じ原理です。力を抜くときは通常息をはくものですが、深呼吸は反対に息を吸い込みます。深く吸えばその後に大きく息をはくことができます。つまり、脱力するために緊張することは必要なことなのです。要はメリハリです。

得たい状態は脱力してリラックスした状態です。スポーツや武術で考えていただくとわかりますが、カチカチに筋肉が硬直している状態ではなく、ゆるみや柔軟性の中でこそ、よいパフォーマンスが生まれます。私が仕事で取り扱う「鉄」も同じで、専門用語で「粘り」といいますが、その粘りが強いほうが柔軟性に富み、材質的にも強くなります。反対に粘りが弱いものは硬くなります。硬くなると脆くなり、簡単に折れてしまいます。つまり、弱くなるのです。心が折れるというように心の弱さを表現することがありますが、心が緊張し、硬直的な状態が続いているからこそ折れやすくなるわけです。

前述したように、現代の若い世代の人たちは心の柔軟性や耐性がなく、弱く脆い人が多いという実情があります。ですから、緊張し続けるような環境はなるべくつくらないようにすることが賢明です。今の世の中、ストレスなく生きることは不可能です。ならば、上手に付き合っていくことが賢明です。また、ストレスはわれわれに大事なことを教えてくれるサインでもあります。壁を感じるからこそ、乗り越えようと向上心が生まれます。

ストレスがあるから脱力できる。緊張と弛緩のバランスをとることがストレス社会を上手に切り抜けるキモです。

がんばることも大事、がんばらないことも大事。ただし、がんばり過ぎはまずい。だから、そこに自覚的になって、力の入れどころと抜きどころのバランス感覚が養われるような環境があると、社員や部下の自律性は健全さを保つことができるようになります。

3 真に「自律」した組織

「ジリツ」する。普段、何気なく使っている言葉ですが、意図的に使い分けている人はあまりいないように思います。

「将来的に、一人暮らししてジリツしたいです」

「あなたは、能力のある人なんだから、いつまでも会社に頼らずにジリツすべきだよ」

「甘えるんじゃありません！　もっと大人としてジリツしなさい！」

「われわれは、組織人としてきちんとジリツすべきです」

「私、実は、ジリツ神経失調症なんです…」

「ジリツ」には、「自立」と「自律」の2つがあります。どちらも「他からの支配や助力を受けない」というところで共通していますが、それぞれの言葉の使い方を考えてみますと、「自分を律する」とは言いますが、「自分を立する」とは言いません。そもそも「立する」などという言葉はないのですが、要するに「自立」は、独り立ちする、独立するという意味を含んでいます。

また、「律する」には、管理したり、ルール化するという意味がありますので、「自分を律している人」となると、他人からではなく、自分で自分をコントロールすることのできるしっかりした人という印象を持つわけです。

「自律」の反語は「他律」です。「他律」とは、自らの意思によらず、他からの命令や強制によって行動することです。まるで奴隷ですね。つまり、「自律」とは、奴隷のように【他から支配されず、自分自身が自分を支配、統制すること】です。

会社組織が「ジリツ」している、システム的に「ジリツ」しているというと、普通は内部統制がとれている状態を意味します。しっかりと管理されて統制がとれている組織です。リーダーや経営者ならば、いわば望む理想のかたちといえるでしょう。しかし、システム的に統制や管理されているだけの組織は脆弱です。なぜなら、組織全体の管理や統制を無理に進めると、個の主体性が削がれ、依存が進んでしまうことがあるからです。

私は、基本的には、ほぼ社員の管理をしません。つまり、コントロールをしません。機械の一部や歯車のような働き方を強いるのではなく、個の主体性が発揮されて、自ら考え行動できるように、ある意味で、自由を感じられるような環境を構築したいと思っています。「主体性」とは、自分の意思や判断で行動しようとする姿勢や態度のことです。個々のメンバーによるこの姿勢によって自然調和的に生まれる一体感やチームワークは、意図的な統制によって生まれるものとは明らかに結束力の強さが異なります。

「自律」とは、個々が自らの意思において「する」ことです。つまり、他人に「させる」ものではなく、自らが実践することです。主語は必ず「私」です。

前述したとおり、中国史上初めて全国統一を成し遂げた秦の始皇帝は、ルールに溺れて国を滅ぼしました。国家の「自律」を目論み、過度な統制やコントロールを人民に対して行い、「他律」を進めて依存状態をつくりました。結果として、人民の力や自由や希望を奪いました。それはまさに奴隷をつくるような所業です。

英語の意味で解釈すると、「自律」を意味する「autonomy」も、「自立」を意味する「independence」も、どちらも「主体性」を表す言葉として同様に扱われます。世の中のリーダーたちは、社員や部下の主体性を期待して、始皇帝のように、ついつい強制的に「自律」を促してしまいがちですが、そうすればするほど逆に、なぜか行動ができなくなります。なぜならば、それはやはり、強制力によって依存が進むことになってしまうからです。ですから、主体性が削がれ、行動が生まれなくなるのです。考えることも諦め、無気力な社員ばかりの組織になってしまいます。

つまり、「他律」が進むと「主体性」が阻害されてしまうのです。

「うちの社員（部下）は何も考えないし行動しない！」

「もっと自分で考えて行動しろよ！」

と嘆くリーダーは多いのですが、残念ながら意図せずに「他律」を進めていることに気づいていません。フォロワーの「自律」や組織の「自律」が一向に進まない理由が、実はリーダーの自分にあることに気づいていないのです。

会社組織内における個々のメンバーの主体性によって、結果的に会社組織の「自律」は促されていきます。外側からのコントロールによることなく、組織を構成する個々のメンバーがそれぞれの内側から起こる情熱や、自らの意思やコントロールによってのみ、会社の「自律」は促されていきます。つまり、自然に統制のとれた一体感が生まれるということです。

「自律」とは、【他から支配されず、自分自身が自分を支配、統制する】ことです。

人が人である限り、必ずといってよいほど外的環境の影響を受けることもあれば、支配されたり、コントロールされることもあります。法律やルール、政治や経済、会社組織や地域社会、宗教にだって、世の中、探そうと思えば不自由な環境や世界はいくらでも存在します。ですから、それに不満を持つ人は多いことでしょう。

しかし、そんな環境の中にあっても、少しでも自由を謳歌したければ、自らがまずはバランス感覚を持って「自律」することです。主体性を持って、自らを内側からコントロールすることです。真のリーダーとは、「自律」している存在です。「自律」したリーダーこそが、真に「自律」した組織をつくります。

❹ 真に「自立」したリーダー

一般的に社会において「ジリツ」している人といえば、親や自分以外の誰かから扶養されずに、自らの収入によって生活している人を指します。つまり、経済的に「ジリツ」している人ということになります。こういう場合、通常は、「自立」と書きますが、「自活」とも言い換えられます。他人の援助を受けず、自分の力で生活することのできる生活力のある人のことです。

現代社会では、フリーターや非正規雇用など、所得の低さから親元を離れることのできない人も数多く存在します。ですから、生活保護を受けていたり、親の脛《すね》をかじっているようでは「自立」しているとはいえないでしょう。また、そのように「自立」していない人でも、20歳を過ぎて成人すれば、法律的には大人として認められるわけですし、20歳になっていなくても、学生ではなく働いていれば、社会人といわれます。ですから、一概に、大人や社会人であれば「自立」しているということにはなりません。

また、経済的に「自立」している人であっても、たとえば、問題解決力が低く、すぐにパニックを起こしたり、問題が起こると無責任にすぐ逃げてしまう人や、世間体ばかりを気にして自信を持てない人、はたまた、友達や恋人との関係性を失うことにいつも怯えている人や、すぐにお酒や薬に頼ってしまう人など、いつも何かの存在に頼る人は、精神的に「自立」できているとはいえません。

「自立」の反語は、「依存」です。「依存」とは、他に頼って存在、または生活することです。一言でいえば子供ですね。つまり、「自立」とは、子供のように【他を頼らず、自分自身が頼れる存在であること】を意味します。ですから、精神的に「自立」できている人は、大人だなと感じますし、自己肯定感や自己信頼感が高く、自信に満ちています。

そして、そのような人は、【他から支配されず、自分自身が自分を支配、統制する】という「自律」の定義をも全うしています。つまり、セルフコントロールができているのです。自らを律して心が強い人は、強い意思を持って行動を生み出すことができるため、よりよい結果を生み出しているように思います。すると、さらに自信がついて、人間的にも魅力が増していきます。

「自立」と「自律」の関係性は、「あり方」と「やり方」の関係性と見ることができます。「自立」が「存在」、つまり、「あり方」を表し、「自律」が「行動」、つまり、「やり方」を表します。「自立」と「自律」の関係性は、まるで、「リーダーシップ」と「マネジメント」の関係性そのものです。リーダーシップとマネジメントの違いを『7つの習慣』のコヴィー博士は、以下のように説明してくれています。

「ざっくりといえば、『リーダーシップ』とは、どちらの方向に向かって進むのかという方向性を指し示すことであり、『マネジメント』とは、その指し示された方向に向かって、能率・効率よく、管理・コントロールしていくことを指します。また、お互いの関係性は、コンパスと時計にたとえることもできます。『リーダーシップ』はコンパスを表し、『マネジメント』は時計を表すのです」

（スティーブン・R・コヴィー著『7つの習慣』キングベアー出版より）

つまり、「自立」と「自律」の関係は、この「コンパス」と「時計」の関係に似ています。「自立」が、「コンパス」で、「自律」が「時計」です。どこに向かい、何を成し遂げるか。何を目的とし、そのために何を目標とするのか。自らを律して行動し、目標をクリアしていく。そしてその積み重ねによってビジョンを実現していく…。

『自助論』という古典的名著があります。1858年に出版されて以来、日本では福澤諭吉の「学問のすすめ」と並んで読まれたという明治の大ベストセラーです。

【天は自ら助くる者を助く】

作者のスマイルズは、独立自尊の精神をこう表現し、多くの人々に影響を与えました。彼はこの言葉の意図するところを次のように著しています。

「外部からの援助は人を弱くします。自分で自分を助けようとする精神こそが、その人自身を奮い立たせるのです。ですから、良かれと思って援助の手をさしのべても、相手の自立心を失わせることがあります。保護や抑制も度がすぎると、役に立たない無気力な人間をつくることになるのです」

「自立」とは、【他を頼らず、自分自身が頼れる存在である】ことです。自らを信じ、他に依存せず、自分自身を拠り所とできる人となることで、自由を感じることができるようになります。なぜならば、他からの支配を受けることなく、自らが決断者であり、主体者であるからです。「誰かと違う私でいいし、私は私のままでいい」、そのように考えられると、もっと自分に自信を持つことができて、気持ちを楽に力強く生きられるようになります。比較や評価や世間体に生きず、自分のありのままを許し受け入れることができると、人として力強く生きることができるのです。そして、結果的に、自分が自分を認めることで「自立」は進み、自由を手にすることができるのです。真のリーダーは「自立」しています。

「自立」と「自律」は同時進行でコインの裏表のようなものです。目的があるから手段が決まります。手段があるから目的を果たせます。「自律」せずにバランスが悪ければ、「自立」して一人で立つことはできません。つまりどちらも大事。ということで結論。ま、微妙なニュアンスの違いなので、どうぞこれまでどおりお使いください。大勢に影響なし！（笑）

5 自立型の人財と組織をつくるメリット

以前、私が行ったセミナーに来てくれたある企業の社長さんと懇親会で話をしていたときのことです。その社長さんは、ひと月前に将来を任せようと期待していたナンバー2に辞められてしまい、たいそう困っている様子でした。青天の霹靂《へきれき》で、どうして辞めてしまうのか、まったくわからなかったそうです。理由を尋ねても、のらりくらりとかわされて、結局、理由らしい理由を教えてもくれずに辞めてしまったそうです。しかも、よくわからない理由にもかかわらず、辞める決意だけは固く、いったい何でこんなことになるのかさっぱりわからないと頭を抱えていました。

また、少ない人数で会社を回しているため、プレイヤーの欠員で自分の仕事も増えてしまい、心身ともに疲れてしまっていました。社長自身、元々プレイヤーではあったものの、仕事の増加により時間的な余裕もなくなり、いろいろなことが悪循環になっているようでした。

私は、社長がプレイヤーであることを否定はしませんが、推奨もしません。社長自身が営業マンであったり、経理責任者であったり、職人のような現場責任者であったりすると、どうしても視野が狭くなってしまいます。社長が目先の作業や業務に従事すれば、本来行うべき役割を担うことができなくなってしまいます。

前項でもお伝えしましたが、リーダーは、どちらの方向に向かって進むのかという方向性を指し示すコンパスのような存在でなくてはなりません。船でいえば船長さんです。船長さんが一乗組員の仕事をしていてはどこへたどり着くかわかりません。つまり、社長が一作業者になってしまうと、未来をつくるための仕事をする時間や余裕がなくなり、会社の成長や発展の可能性は著しく低下してしまいます。また、マネジメントに関しても、社員の仕事のプロセスやメンタル面などに目が行き届かなくなり、気がついたときには冒頭の社長さんのようなことになりかねません。

自ら考え、自ら行動する自立型の社員を育てるということは、組織の役割をそれぞれが分担しあってチームとして成り立つようにすることです。つまり、全員参加型の経営を実現するということです。すると、それぞれの組織メンバーに「責任」が生まれるようになります。結果責任や行動責任や説明責任を自ら果たす社員がいる会社は、当然ながら自然と成果が上がるようになります。すると、未来をつくるための投資原資が生まれることになります。

自立型の社員を育て、自立した組織をつくることで、社長が未来をつくるための時間が生まれます。そのおかげで、さらに社員の自立的な成長を加速させるための環境づくりを行うことができるようになります。つまり、よりよい成果を生み出すための善循環が始まるのです。社長でも社員でも、善循環の中に疲れた人は存在できなくなります。

6 やる気や元気がなくなる取組み

仕事のパフォーマンスを高めるために必要な要素は、やはり、何といってもやる気や元気でしょう。わが社ではその一環として朝礼を活用しています。

一般的には、朝礼は社内の連絡報告の場であったり、目標の進捗状況を確認する場であったりします。また、一日の作業確認を行う場でもあります。つまり、朝礼というのは、情報の共有や確認、仕事の作業効率を上げるための役割を担っているといえます。しかし、毎日同じことを繰り返すだけの退屈なルーティン作業になっていたり、眠くてあくびばかりが出てしまうような雰囲気だったりするようなことはないでしょうか？

すでに仕事を終えて帰る人のように、朝から疲労感いっぱいで、うつむき加減で挨拶も声を出しているのかいないのか。そんななか、追い打ちをかけるように、上からの叱咤激励やお説教モードへと突入し、二言目には、「やれ売上を上げろ！　利益を上げろ！　成果を出せ！」と責められる。お説教をくらった社員たちはドヨーンとした空気の中で、さらに疲労感が積み増しされていく。ドヨーンとした空気やダラダラとした態度を一掃するために、身体を動かし、目を覚まさせようとラジオ体操を行ったりしますが、そんな状態のまま体操をしたところで、当然のことながら大した効果なんて得られるはずはありません。

また、よくあるのが、新聞やネットで見かけた「いい話」や「訓示」を得意げに話す社長や上司の「ありがたいお話の時間」。けれど、聞く側の社員にとっては、一方的に投げられる話を聞き続けるのは辛いし、眠たいし、面倒くさいし、興味ないし、正直どうでもいいと思っています。浴びせられる言葉は、頭や心の中を簡単にスルーして結局何も残らない。強いて残るものがあるとするならば、スピーチした人や朝礼に対する嫌悪感ぐらいでしょう。もうテンションの下がりまくり。伝え手と聞き手のテンションのギャップはハンパない。

また、場合によっては、社員にもスピーチの出番が容赦なく回ってきます。話慣れていない社員にとって、これは地獄そのもの。みんなの前で話すのは緊張するし、ネタには困るし、迷惑極まりない。そうはいっても逃げられないから、必死にネットでネタ探し。その挙げ句が、他人の受け売り話をシェアして、なんとか面倒くさい朝礼をやり過ごすことに全力を尽くすことになります。もう気持ち的には、朝礼が済めば、その日一日の仕事は、ほぼ終わり。大仕事をやってのけたという達成感で、朝から一杯やりたいぐらいの心持ちです。

もしも、こうした状況があなたの会社でも起こっているとするならば、それでもあなたは「わが社の朝礼には意義がある」と思いますか？　わざわざやる気や元気を削ぐ取組みをやり続けてはいないでしょうか？　目的と手段は明確になっているでしょうか？

7 ハイテンションはいらない

社長のスピーチであれ、社員のスピーチであれ、テンションが低い状態でもなぜ朝礼が必要とされ、続けられるのかといえば、その目的の一つが社員教育にあるからでしょう。社長が模範的な行動を示し、社員たちにもシェアすることで、社員たちの、学習意欲を高めアウトプットによるスキルアップやリーダーシップの向上などを目指します。

とはいえ、ネットで「朝礼ネタ」の検索数がやたらに多いという現状を考えるに、本来の意図を離れ、スピーチすることだけが目的となっている世間の実情が垣間見えます。裏を返せば、多くの会社では、朝礼が惰性で行われており、すでに形骸化しているといえるのではないでしょうか。

朝礼をすること自体が目的となっているのなら本末転倒です。何のために朝礼を行うのかを原点に立ち返って考え直す必要があります。

一方で、社員のやる気や元気を引き出すことを目的とする会社も増えています。仕事のパフォーマンスを向上させて成果につなげようという取組みを朝礼に反映させているわけです。大きな声で元気よく挨拶をしたり、夢や目標を語るなどしてテンションが下がらないように無理にハイテンション状態をつくり出す、いわゆる、元気や本気が出る系の朝礼は、まさに社員のマインドセットを目的としています。前向きでプラス思考な発言を奨励し、ポジティブな言葉でアファメーション（宣言）を行ったりする某有名飲食店などで行われている朝礼が有名です。誰でも見学参加のできる朝礼は、見ていて圧倒されます。まさに劇場型の朝礼。ショーや演劇でも見ているかのようです。

右も左もわからない、役員になりたての頃の過去の私は、これらの系統の朝礼を導入しようと考えたことがありました。ただ、私の中では大きな葛藤がありました。導入に際して、社員たちが賛同してくれるのだろうか、やってくれるのだろうかと心配だったのです。理念を唱和するだけで嫌な顔をする社員たちが、明るく大きな声で、楽しそうに朝礼に参加してくれる光景が、まったく想像できませんでした。

そこで、あるとき私は、このハイテンション系の朝礼を行っている会社の朝礼を見学し、さらには社員さんにインタビューし、実際のところを聞いてみたのです。

「ところでさ、ぶっちゃけ、あなた自身は、あなたの会社の朝礼のことを、どう思ってんの？　こっそり教えてよ」

「ん〜、それがですね、ほんとはイヤなんですよぉ〜。実際、半数の社員はイヤだって言っていますよ！」

「え!?　そうなの!?」

そして、なんと半年後には彼女はその会社にいませんでした。朝礼が嫌で辞めたとは思いませんが、非常に離職率の高い会社でした。「元気」どころか、働く意欲すら奪っている状況を聞いて、私は評判の高いその朝礼に対し、非常に懐疑的になったのです。

特に大きな声を出したり、朝から無理やりテンションを上げさせるような朝礼は、女性社員にはあまり評判がよくありませんでした。朝礼の存在を知って入社してきた社員はまだしも、導入に際して、おそらく古参の既存社員が受け入れてくれる許容度は、フィフティーフィフティーかと思います。

また、導入を試みた経営者仲間に話を聞きましたが、やはりうまくいかずに定着しないため、すぐに諦めたそうです。つまり、ビギナーにとって、この手の朝礼は導入が難しく、さらに継続することも難しいという、とてもハードルの高い朝礼だったのです。おそらく、社員からの反発もなく導入がうまくいっている会社は、もはや朝礼など必要がないほど社員が前向きで自立した会社か、もしくは反対に社長がワンマンで、有無を言わさぬほどの強烈なリーダーシップを発揮しているような会社かもしれません。

ハイテンション系の朝礼に対して感じるのは、その不自然さです。いわば、猛烈に、がんばっている感や無理やり感が伝わってくるのです。

正直なところ、うちの会社でもこんな感じに、みんなが大きな声で盛り上がってくれたらすばらしいだろうと思ったこともありました。しかし、全然導入できる自信はありません。こちらが促したときの社員の反発や愚痴や不満の声や態度が怖い。良かれと思って提案しているにもかかわらず、「面倒くさいオーラ」を出しまくり、そして、そのオーラでやられてしまうのではないかと恐怖感が募ります。

そこで私は、無理にテンションを上げなくても、期待する同じような効果を得られて、しかもすんなりと導入が可能な朝礼はできないものかと考え、紆余曲折を経て、現在行っている「がんばらない」「無理しない」「ハイテンションにならない」、自然でゆるいスタイルの朝礼が出来上がりました。名付けて「がんばらない朝礼」です。そのまんまですね。

名前のとおり、ゆるい時間が流れ、笑顔と笑いにあふれた不思議な朝礼です。がんばって大きな声も出しません。しかし、がんばらずとも、不思議なことに自然と徐々に声は大きくなります。無理やり元気なふりをして、夢や目標を語れとアファメーションさせたり、プラス思考を促すようなこともしません。しかし、そのゆるさの中に身を置くだけで「元気」や「やる気」が自然と生まれてしまいます。

8 本気を出さなくてもなぜか元気が出る、ゆるい朝礼

わが社では、毎朝1時間ほど時間をかけて朝礼を行っています。なるべく参加しましょうねということにはなっていますが、参加は自由です。時間やタイミングも個人の仕事の状況次第で任せています。

1時間も何をしているのかといえば、ほぼ雑談。自分の彼氏彼女ネタや恋バナ、時には下ネタまでが平気で飛び出します。つまり、朝から雑談に1時間も費やしているわけです。「職場は戦場だ」「白い歯を見せるな」などとすぐにキレてしまうような、昭和レトロなご年配たちがいる会社では、雑談にそこまで時間をかけることに理解ができないかもしれません。

客観的に考えれば、非効率で非合理的で無駄ばかりであると思われがちですが、しかし、素直に楽しいのです。社員のみんなも笑顔にあふれ、楽しそうです。実際に朝礼が好きで、参加することが楽しいと言います。参加することが楽しい朝礼って想像がつくでしょうか？　朝から社員同士で爆笑し合う朝礼の姿を想像することができるでしょうか？　おそらく、みなさんの持っている朝礼のイメージから考えれば、とんでもないことをしているのかもしれません。なにせ、雑談を就業時間内にオープンに行っているのですから。そういう意味でいえば、もはや「朝礼」ではないのかもしれません。

わが社の朝礼は、外部の人であっても、いつでも誰でも参加自由です。以前参加してくれた方に、「会社の中に普段のプライベートな【日常】が存在することがスゴイ！」と感想をもらったことがあります。こういうことから考えるに、多くの職場や仕事は、「非日常」の中にあるのかもしれません。ですから、職場とは、プライベートとは完全に切り離された「戦場」なのだと思っている人がいても仕方がないのかもしれません。

単に奇をてらって、奔放で自由気ままな姿を目指しているわけでもありませんが、かといって、効率や合理性ばかりを気にしていたら、わが社のように毎朝1時間もかけて朝礼などしてはいられないでしょう。つまり、非効率を良しとしているわけです。しかしながら、非効率を求めることは、時に効率的に最大の成果をもたらしてくれます。

私は、何とか、この朝礼の良さや楽しさを伝えようとビデオ撮影をしたことがありますが、撮影後に映像を見て、そのショボさにガックリしてしまいました。良さが全然伝わってこないのです。それもそのはず、行っている当人たちは、誰かに見せようという意識もありませんし、ただの雑談をしているような光景ですから、仕方がありません。ハイテンション系の朝礼のように見た目が派手ではないし、ダラダラとしていて見苦しい。それに、逆にカメラを意識してしまって変な空気になってしまいました。ですから、「あー、こりゃダメだ！」と諦めました。とはいえ、見た目は悪いが効果は非常に高いものがあります。

9 自立が進む「がんばらない朝礼」5つの効果

わが社の朝礼は、九州福岡を拠点とする株式会社ココシスさんの「感謝の朝礼」をベースとしています。通販事業を軸にさまざまな事業を多角化し、近年急成長を遂げているすばらしい会社です。この会社を率いる岡部会長とのご縁がきっかけで始め、すでに10年近く続けています。ココシスさんは、私にとって常にベンチマーク先となる企業で、岡部会長を中心として、社員のみなさんからも、たくさんのことを学ばせていただいています。

「感謝の朝礼」がベースなので、朝礼で一番時間を割くのが、「感謝」をする時間なのですが、お伝えしたとおり、もはや「感謝」だけにとどまらず、何でもアリ状態になってしまいました（笑）。基本的に、「感謝」は他人のためにすることではなく、自分のためにすることですから、個人の意思に任せて参加自由としているのですが、朝礼の一番の狙いはマインドセットです。

この場合のマインドセットとは、主に仕事に対する考え方や心構えを整え、朝の冴えない気持ちをリセットすることです。雑談まみれの何でもアリ状態ですが、この点だけは外していません。先に述べたように、朝礼は教育の場でもあります。社員の人間的な成長をサポートすることで、会社の業績向上を見込むことができます。

社長の「ありがたい話」のように、他人の受け売り話などではなく、社員自身が「ありがたい」と思った話を一人ひとりがスピーチします。ですから、社員みんなが主役です。社員たちが順番に自分の話をし、そして、お互いに仲間の話を聴き、時に労ったり、フィードバックを行ったりします。

社員同士が感謝し合い、お客様や親兄弟、友人知人、最近行ったお店の店員さんの話から、朝見たテレビの内容に至るまで、ありとあらゆる自分を取り巻く環境や出来事がネタとなり、それに感謝します。

感謝をするということは、自分本位の視点から、他人の立場を考える視点にシフトさせ、視野を広げてくれます。これらの一連の流れが、チームワークを生み出す源泉となり、チームの中での自分の立場を考えるきっかけをつくります。結果、自立性を促していくのです。

自分のすべきことが見え、仲間のために行動する責任感が育まれ、そして、お互いが心の内や、それぞれの事情を話すことで共感が生まれ、自己開示し合う文化が育ちます。それが、風通しのよさを生み出します。情報の共有度は、普段からのコミュニケーションの質に比例します。朝礼でコミュニケーションの質を高めることで、作業効率は格段に上がり、各々のパフォーマンスの効果や成果は高まります。

以上から、この「がんばらない朝礼」の効果をまとめると、

1　仕事に対する心構えづくりや気持ちのリセットが行える
2　良好なコミュニケーションをとる環境の確保ができる
3　強固なチームワークを生み出し、情報の共有が進む
4　自己開示が進み、風通しがよくなる
5　自立が進み、責任感が高まる

ということになります。

現在、職場が戦場になってしまっているのならば、間違いなく笑顔あふれる環境や、やわらかい空気感などは生まれないでしょう。強制力やコントロールでやらされ感を抱え、ストレスやプレッシャーの中で疲弊している人ばかりかもしれません。そして、社員同士やお客様との関係性に悪影響を及ぼしているかもしれません。

職場が「非日常」であるならば、「日常」であるプライベートな話が出てくるはずがありません。「私語は慎め！」と叱ってばかりいて、「何でも話せよ」と社員や部下に声をかけたところで、相談されることはないでしょう。ならば、問題が早い段階で報告される可能性は低くなりますから、どんどん山積みになる可能性をはらんでいます。また、社員や部下がプライベートな悩みで悩んでいるのにもかかわらず、離職するまで気づかないという事態が起こってしまうかもしれません。

人間の教育や育成は、相手の成長を「待つ」ことにその真髄があると思っています。ですが、待つことには時間がかかりますので、忍耐が必要です。急かして結果や成果ばかりを見ていては、社員の成長は止まることになってしまいます。

「がんばらない朝礼」自体には、直接的な生産性はほとんどありません。非効率で下ネタの飛び交う朝礼自体に直接的に何らかの意味を見出そうとしても難しいのかもしれません。しかしながら、参加すれば元気が自然と出てしまうパワーを持っています。ＡＩの時代だからこそ、逆に人が輝いて働くために価値があるのだと思います。

目に見えることや頭で理解できることだけではなく、目に見えないことも、感覚的に感じることもとても大切です。実際に雰囲気や空気を感じてもらうことが、この朝礼や組織風土を知っていただく一番の近道だと思っています。残念ながら映像だけでは良さが伝わりません。理由は前述したとおりです。百聞は一見に如かず。文字にするより、見て、感じてもらったほうが早いと思います。朝から笑い声が飛び交う光景、何よりも社員一人ひとりの元気さと明るさ、そして朝礼の時間の長さにきっと驚かれると思います。

どなたでも朝礼への参加は自由です。参加を希望される方はどなたでもウェルカムです。８時からの開始と少々早いので、そこは覚悟していただかなくてはいけませんが、早起きは三文の徳。いや、三文ばかりではないことにきっと気づかれることになるでしょう。

10 「がんばらない朝礼」のやり方

全員強制参加ではなく、参加は自由、出入りも自由。1時間かかる朝礼を全員でやっていると、当然ながら、その間、実業務がストップすることになります。経営者の覚悟があれば、それでも構わないのですが、導入に際しては、さすがにハードルが高くなってしまいます。毎日1時間投資するだけの勇気はなかなか持てません。ですから、社員には、それぞれの仕事の進捗度や状況に合わせてタイミングを見計らいながら参加してもらっています。

日によっては、参加できない社員もいますし、最初から最後までずっと参加している社員もいます。つまり、朝礼のあり方もやり方も非常にゆるいのですが、自由であることによって社員たちは参加するかどうかを自発的に考え、決めなくてはいけません。自由な環境をつくるためには、それぞれの責任において「決める」機会を多くつくることが必要です。この機会が増えれば増えるほど、社員の自立は加速します。

朝礼で特に大事にしていることは以下のとおりです。

1 感謝
2 笑い
3 自己開示

ルールは、

1　輪になる
2　ちゃんと聴く
3　非難しない

たったこれだけのシンプルなものです。あとはほぼ自由です。朝礼の流れは、次のようになります。

①　スイッチオン！～みんなであいさつ～

司会者に続いて全員が挨拶をします。大きな声で元気よく挨拶できて、ここでスイッチが入るとよいですが、入らなくても別に構いません。自由です。「がんばらない朝礼」なので、がんばらなくても大丈夫です。

②　ビジョン・ミッションの音読

クレドブックを用いて、日替当番が経営理念の中核をなすビジョンとミッションの音読をします。読み終わると自分の思うこと、感じること、何でも構わないのでワンコメントスピーチをします。その後に司会者がそのコメントに対してフィードバックを行っています。理念の理解や浸透は、会社組織において非常に重要な事柄です。ただ単に朗読するだけではなく、自分の頭で考えることや、それを言葉にすることで浸透化や共有化を促しています。

③ 感謝の時間

昨日の感謝、最近の感謝、うれしかったこと、ちょっとよかったことなどを各自がスピーチしていきます。朝礼のほとんどの時間がこの時間に費やされます。基本的には感謝することがテーマになりますが、別に何でも構いません。そのときに話したいことをテーマにしてもらって大丈夫です。愚痴や他人を非難するようなネガティブ発言はアウトですが、それ以外はほぼ制限はありません。悩み事でも相談事でも困っていることがあれば、みんながちゃんと聴いてくれるので、ついつい5分以上話し込んでしまう社員もいるほどです。

④ 思いやりの時間

ミッションの音読と同じように、クレドブックの音読とワンコメントスピーチを行います。感謝をした後だと、ベクトルが内向きから外向きに変わります。自分本位で何かを発信するのではなく、お客様のことや仲間のこと、周囲のかかわる人たちへ関心が向き、思いやりの気持ちも自然と湧いてきます。マインドセットが変わり、働く意欲やモチベーションに変化が起こります。

⑤ 本日の目標

行動指針から一日ひとつ、情意目標を決めて実践を促す時間です。情意目標とは、働き方の目標であり、業績結果や数値目標を課すものではありません。司会が行動指針の音読とワンコメントスピーチを行い、それで朝礼は終わりです。

以前は、主に社歴の浅い、若い社員が司会を3カ月間担当していました。司会をすることによって、3カ月間で加速度的に成長が促されます。つまり、司会をすることが若手社員を育てるための教育の場として機能しています。今は、そのスタイルが変わり、ひと月ごとの交代で、部署ごと持ち回りで行っています。誰が司会をするのかは部署内で決めています。

というように、一応、やり方を書いていますが、やはり、見て、聴いて、感じてみないと活字では伝わらないですね。「Seeing is Learning」。何かを売りつけるようなことはいたしませんので、遠慮なくお越しください。今までにも、全国から多くの方たちがお越しくださっています。

株式会社ホウキンHP「がんばらない朝礼」 http://houkin.com/outside-the-box/

第2章のキモ

がんばらないマネジメントとは コントロールしないマネジメントのことである

1 **がんばらないマネジメントは、人としてのあり方を重視する**

人間の良心を信じるマネジメントをベースにすると、人を活かす息の長い経営につながる。

2 **がんばらないマネジメントは、組織内のバランスを整える**

自律的にバランス感覚や健全さを保つ秘訣は、がんばりすぎないことである。

3 **がんばらないマネジメントは、真に「自律」した組織をつくる**

「自律」とは奴隷のように他から支配されず、自分自身が自分を支配、統制すること。

4 **がんばらないマネジメントは、真に「自立」したリーダーをつくる**

「自立」とは子供のように他を頼らず、自分自身が頼れる存在であること。

5 **がんばらないマネジメントは、責任感を育てる**

社員たちの責任感が育つことで、リーダーが未来をつくるための時間を確保できる。

6 **がんばらないマネジメントは、やる気や元気を生み出す**

組織のメンバー同士で、考え方やコミュニケーションなどのギャップをつくらないこと。

7　がんばらないマネジメントは、自然体である

無理をしないから歪が生まれにくく、抵抗や反発や愚痴や不満も出にくい環境になる。

8　がんばらないマネジメントは、職場を「日常」にする

職場を非日常的な環境にせず非効率を許すことで、逆に効率的に成果を生み出す。

9　がんばらないマネジメントは、人間的な成長を加速させる

自立性や責任感は、互いの共感や自己開示できる風通しのよい風土の中でさらに育つ。

10　がんばらないマネジメントは、自由な環境をつくる

それぞれの責任において、主体的に物事を決定する習慣をつくることで自立性を促す。

第3章

疲れないマネジメント

1「何もしない」リーダー

昨今、今の時代の新たなリーダーとしてのあり方が改めて問われています。これまでのがんばる強い姿のリーダー像から、次世代型のリーダーシップスタイルを選択することがこれからの時代を生き抜くために必要なことです。

私を含め、経営者には大いなる説明責任があります。それは、稼ぎ方や仕事の仕方だけではなく、会社の将来的なビジョンや方針、また、そこで働く社員として求められる行動やあり方を説明する責任です。理念や行動指針などを通して、企業としての使命や目指す方向性など、いわば目的地を定めて、そこへ導く使命を背負っています。

私としては、自らの経営において、自社内に発信していることだけではなく、コンサルティングや、メルマガ、ブログなど、対外的に発信しているようなことでも、同時に内側の社員に向けてのメッセージとしても活用しています。実は、本書も同じ役割を担います。私から発せられることはすべて社員たちへのメッセージを兼ねています。

ですが、私は今まで一度も強制的に、たとえばメルマガを読んでくれ、などと言ったことはありません。本人の意思を尊重しています。当然ながら読んでくれればうれしいですし、関心を持たれないことは悲しくもあります。とはいえ、馬を水場に連れて行っても飲みたくない水を馬は飲んではくれません。それと同じことで、それこそが真理です。ですから、私のマネジメントの方針はコントロールフリーであり、ある意味「何もしない」ことであり、成長を信じて待つことであるわけです。

私が「何もしない」ことによって、社内外含めて、周囲の人たちはさまざまな反応を示します。本当に何もしないので、イライラする人もいれば、逆に自分の意思で多くのことを選択できて自由を感じる人もいるでしょう。

これは、言い換えるならば、イライラする人は、常に私に何かしてもらいたい人であり、何かを待っている人でしょう。つまり、自立できずに依存しているということになります。反対に何事も自分の意思で決め、主体的に行動を起こす人は、自立的な成長を手にすることができます。リーダーが「何もしない」ことによって、仕事を「任せる」ことができると、社員が自立的な成長を始めます。

反対に、リーダーが「何もしない」し、指示もしないからといって、楽をする人もいるでしょう。残念ながら人間には良い面もあれば、悪い面もあるものです。強い組織を生み出す原動力は、何といっても、社員一人ひとりの自立した思考や行動に尽きますが、実際には、リーダーの思い描く理想の姿とは、大きくかけはなれてしまい、悩みの種になってしまうことも多々あります。

「なぜ、経営者が伝えることをなかなか理解してくれないのだろうか？」
「なぜ、経営目線で考えてくれないのだろうか？」
「どうしたら自ら考え、自ら行動するような自立的な働き方をしてくれるのだろうか？」

世の多くのリーダーたちは、そのように考えては、不満を抱き、被害者意識に陥ってしまいがちです。そして、日々苦悩しながら、試行錯誤の連続となるのです。

しかし、はっきりいってしまえば、そもそも従業員は経営者ではないのですから、経営者と同じような視点で物事を理解することはありません。残念ながらそれが現実です。なぜならば、立場も役割も仕事をする環境も違うからです。ところが、経営者自身がそのことになかなか気づくことができません。ここで多くの経営者たちが早晩行き詰まることになるのです。

社長でも社員でも、どんな立場の人であっても、気づきこそが人を次のステージへと成長させることができます。つまり、成長への第一のステップは何事においても「気づき」から始まります。

しかしながら、気づきは誰かに与えられるものではありません。本人が自分で得るものです。ここにマネジメントの難しさがあります。リーダーに何度となく同じことを言い続けられ、まったく「われ関せず」という姿勢を取り続けた人であっても、伝え手が変わることや、本人自身が苦境に立たされることで、自ら気づく可能性があります。

元来、他人をコントロールすることはできません。水場に馬を連れて行っても、水を飲むとは限りません。相手が水を飲みたくなるまで待つしかないということが結論であり、原理原則なのです。強制力や義務感を押しつけて、無理やり行動させたとしても、生産性が上がることや、創造的なシナジーが生み出されることはないでしょう。つまり、組織を自立的な成長へ向かわせることのできる気づきは、コントロールフリーな状態でこそ生まれるものとなります。だから、あえて「何もしない」。ところがこれが本当に難しい。

経営者は、結果を出さなければならないという大きな責任を負っています。ですから、不安や心配が先に立ち、どうしても手を出したり、口を出したりと、何かしたくなってしまいます。そもそも能力が低く、できないと思っている相手に対して、簡単には信じられないし、任せられないし、黙って見ていることは難しいことです。しかしながら、過保護で過干渉な親の元で健全に成長できない子供の姿を見ればわかるように、リーダーが何かすることで問題が増えてしまうことが多々あります。

ところが、皮肉なことに、本当に無関心に「何もしない」でいても問題は起こってしまうのです。ならば、いったいどうすればよいのでしょうか。

2 「何もしない」とはどういうことか

「何もしない」というのは、もちろん、仕事をしなくてもいいですなどと主張する話ではありません。経営のプロセスにおいて、学ばず努力もしなくてよくなるとか、横着して手を抜くことができるということではありません。

自立型社員の育成に必要なことは、思考や行動の自由度を高めることです。ですから、それを促す環境づくりこそがリーダーの仕事として不可欠なものとなります。つまり、実はやることはたくさんあります。本当に何もしなかったら、やはりおかしくなってしまいます。なんだ、話が矛盾しているじゃないかと思われるかもしれませんが、少しお待ちくださいませ。順に説明いたします。

リーダーが、できるだけフォロワーの意思や行動を尊重し、任せて見守ることで、能力を引き出す。それこそが、現在の教育や人材開発におけるさまざまなマネジメント最先端技術が示す共通した結論です。次世代型リーダーのマネジメントスタイルは、

① コントロール型ではなく、脱コントロール型である

② 権威型ではなく、支援型である

③ 手をかけずに目をかける見守り型である

つまり、リーダーが社員や部下に対して直接的に「何もしない」という組織マネジメントを選択しつつ、リーダーシップを発揮することで人材開発および組織開発を行うものです。

ほとんどの場合、人が行動できないのは、未来に対する不安や心配などの恐怖感が原因です。その恐怖を生み出す原因の代表格が失敗することです。失敗することへの恐怖から、自由度が失われ、自分の意思で決められずに、やりたいこともなかなかできなくなってしまいます。

人は、コントロールされることによって、自分の意思による行動が生まれなくなります。指示や命令ばかりされる環境にいれば、自分で何かをする必要性がなくなり、同時に責任も問われなくなります。失敗しても自らの責任ではなくなるからです。結果的に、無責任な人が増えてしまうことで、依存関係が始まり、自立が阻害されていくのです。

子供は何でも自分でやってみたがります。成功も失敗も実際に経験することで得られる学びの機会ですから、親が何かをすれば、その機会を奪うことになってしまい、子供が成長するための学びの邪魔をしてしまうことになります。

暑い時期になると、プールや海などが賑わいます。すると必ず、毎年ニュースで見かけるのが子供たちの悲しい水難事故です。楽しいはずの夏の想い出が、一転、事故によって悲しみに包まれてしまいます。わが家の子供たちもそうですが、子供はちょっとしたスキに何をしでかすか、わかったものじゃありません。ほんの一瞬、目を離したスキにいなくなったり悪いことをしたりで大変です。しかし、事故が怖いからと好奇心旺盛な子供たちの行動を何でもかんでも禁止したり、制限していたのでは、自立した大人になるための成長に必要な大事な経験をすることができなくなってしまいます。明らかに危ない場所で水遊びすることはいけませんが、チャレンジすることや体験することは大事なことです。

危ないことを回避し、身の安全を確保するために必要なことは、逆に恐怖感や危機感を感じ、知ることです。ならば、親や大人にできることは何でしょうか。私ならば、海パンをはいて、いつでも助けに行けるように、近くで見守ります。親が子供の安心安全を確保して遊ばせてあげることが大事なことだと思うからです。

実際に何でもやってみて経験を通して学ぶことが一番の学びだと思うからです。遊びの中には学びの種がゴロゴロしています。子供の好奇心をつぶさずに楽しさも怖さも感じて、その中から自分なりに何かを学んでもらうためには、成長をサポートし、行動を促して多くのことを経験してもらうことです。このことは、まったくそのまま会社における上司部下の関係に当てはまります。

そもそも、コントロールフリーで「何もしない」というマネジメントへの変革は、リーダーが自身の「時間の使い方」を変えることにつながり、会社を次のステージへと変革（成長）させる大きな転換となる選択となりえます。リーダーが組織の未来をつくるために、目先の作業を卒業し、戦略を練ることや、フォロワーにかかわるなど、時間の使い方を変えることは、組織の成長を促すために必要な本来あるべき姿に立ち返ることでもあります。

ならば、そのために必要なことは、まずはリーダー自身の自己改革であり、次世代型リーダーのためのセルフマネジメント術を学ぶことが最重要課題となります。つまり、マネジメントすべき対象は自分自身であり、「何もしない」のは、自分の外側に対して「何もしない」ことであり、つまりは、他人をコントロールしないということです。

他人に働きかける前に、自分の内面を整えることがこれからのリーダーに求められています。つまり、積極的にかかわるのは自分自身です。人にかかわるというプロセスにおいて極力「何もしない」というマネジメントを選択することで、自分からは「何もしない」社員が自ら考え行動する自立型の社員に成長します。その結果、リーダーの実務が減り、自由な時間が生まれることで、はたから見ると、一見「何もしない」でもいいように見えるサイクルをつくり出すことができるようになります。だからマネジメントに「疲れない」のです。

❸「何もしない」と被害者になる？

子供はいろいろなことを教えてくれます。子供から学ぶことは多いです。子供好きでもなんでもなかった私に、4人も子供がいるのは、きっと神様の思し召しでしょう。チミはおバカチンだから、たくさん子供から学びなさいと…。

子供は、小さなことですぐにケンカになります。本能むき出し。そして、自分の分が悪くなると、私に助けを求めてきます。いかに相手が悪いのかを猛アピールしながら。そして、そのときの枕詞といいますか、お決まりのワンフレーズがあるわけです。自分が被害者であることをアピールするための究極の一言。

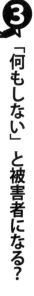

「おと～さ～ん、なんにもしてないのにたたかれたぁ～」

必殺「なんにもしてないのに」の術。これこそ究極の被害者になるための術。もちろん、何もしていないはずがありません。何かしているから相手から攻撃されているわけです。しかし、子供の頭の中には、蹴ったから蹴られる、殴ったから殴られるという単純な構図しかありません。自分勝手に相手のおもちゃを取り上げていたり、相手が嫌がるような意地悪なことを自分が言っていることと、相手の行動を結びつけて考えるようなことはできません。自分の言動がどのように他人に影響しているのかということを考えないのです。しかしながら、このような幼稚で子供的な思考回路のまま大人になってしまっている人が多いのが現実です。見た目は大人でも内面は子供。つまり、自立できていないということです。

非力で、かわいそうな被害者であることを常に演じ続けようとすれば、結果訪れるのは本当に非力で不自由で弱々しい臆病者になってしまうという末路です。自分で目の前の問題や課題を解決しようとする姿勢を持たぬということは、自己解決能力を放棄し、わざわざ自分を脆弱な存在に仕立て上げていることに等しいのです。つまり、意図して被害者であり続け、「なんにもしていないから」不幸がやって来てしまうわけなのです。人間である限り、生きているだけ、存在しているだけで、誰かや何かに影響しています。つながりの中でしか人間は生きていけません。何かをしていることに自覚的になること。気づける自分になること。自分がしていることに無自覚でいると不幸が訪れます。ですから、自覚的に生きて、意図的に何かをする、つまり、行動することです。それが幸せへの近道となるでしょう。

「何もしない」リーダーは、他人をコントロールしません。しかしながら、自分をコントロールすることは常に求められます。コントロールできるのは自分だからです。もしも被害者になろうとしている自分に気づいたなら、無意識的に何をしてしまっているのかを考えましょう。そして、そのときに感じ、思いついたことを意図して行動に変えていきましょう。

4 見極める

子供の頃、魔法使いやエスパーに憧れたものです。自由自在に物事や人を支配し、身の周りに起きる出来事をも自分の思いどおりにコントロールできたらなんとよいことか。他人の言動を、すべて自分の思いどおりにコントロールできたら、人間関係でも問題は起きないし、ストレスも感じないし、きっと気分よく生活できるだろう。ドラえもんがわが家にいたら最高。あのポケットさえあれば何でもできる。過去を変えることだって可能。ひょっとして、自分の勉強机の引き出しが何かの拍子にタイムマシンへの入り口になっていないものかと何度願ったか。しかし、残念ながら現実は厳しいのです。エスパーにもなれないし、ドラえもんもいない。

時に、簡単には解決できないような問題が容赦なくわれわれの目の前に現れます。「他人と過去は変えられない」。単純なことですが、私自身、このことに気がつくまでに随分と時間がかかってしまいました。ところが、以前の私と同じように幻想に取り憑かれ、変えられると信じている人は意外に少なくありません。しかし、簡単に変えられないことは、どこかでわかっているはずだと思いますが、それなのに、あえて気がつかないフリをして、誤った行動や合理的ではない選択をし続けている気がします。

世の中には変えられるものと変えられないものとが存在します。しかし、不可能を可能にしようとする無駄な努力は、私たちに悩みや苦痛をもたらします。変えようのない事実に直面したとき、私たちは無力です。そのときにできることは目の前にある現実を、目をそらさずにただ見ることです。そして、今できることを、逃げずに勇気を持って実行することです。

【ニーバーの祈り】

神よ、変えることのできるものについて、それを変えるだけの勇気をわれらに与えたまえ。変えることのできないものについては、それを受けいれるだけの冷静さを与えたまえ。そして、変えることのできるものと、変えることのできないものとを識別する知恵を与えたまえ。

ラインホルド・ニーバー（神学者）

「何もしない」ことで、勇気と冷静さと知恵が与えられます。変わるために、成長するために行動する勇気とエスパーやドラえもんがいない世界を受け入れる冷静さ、そして、変えることのできるものと、変えることのできないものとを識別する知恵を持って、ノーコントロールでノーストレスな世界をつくり出す。神よ、社長も社員もストレスなく成果を上げる組織を生み出すための知恵と力を与えたまえ。現実を力強く変えていく勇気を与えたまえ。のぞみかなえたまえ（ふるっ）。

5 できることをする

驕り、高慢、思い上がり。謙虚さもなく偉ぶっている人は大抵嫌われます。「自信過剰」や「自分勝手」なリーダーに人はついてきません。自信を持つことはよいことですが、本来の実力や立場などを見誤り、自ら過大評価をして過信してしまうと、周囲は嫌気が差してしまいます。

反対に、「自信過小」で自分を責めてしまうような人もリーダーには向いていません。責任感は強いのですが、一方で、後悔や反省ばかりで苦しみや悩みが蓄積されてしまいます。こういう人は、がんばり過ぎてうつ病などの心の病を患いやすい人だったりします。うつ病は、いわば心の疲労がピークになって起こる病です。ですから、そうなってしまうと目指すリーダー像の真逆の存在、つまり、「疲れちゃったリーダー」さんなのです。

「自分に自信がない」「自分はまだまだ」と二の足を踏んでしまい、行動ができない。自信がないから、もうしばらく様子を見ようと大事な判断を先延ばしにしてしまう。反対に自信をつけたいから、もっとがんばらないといけないと考え、無理し過ぎる。しかし、いくら先延ばしにしても、いくら無理をしても、自信が持てる状況はやってきません。ネガティブな妄想や思い込みをやめない限り、本当の意味で自信を持てる状況はやって来ないのです。

しかし、もし仮に、失敗続きであっても塞ぎ込む必要はありません。「自信がない」も「まだまだ」もよけいな判断です。極端なことを言ってしまえば、自信がほしいだなどと考えないことです。今の自分を受け入れ、そして、今できることをやるだけです。

とはいえ、やっぱりなかなか勇気が出ずに行動できないかもしれません。「失敗するかもしれない」「迷惑をかけてしまうかもしれない」「どうせ私なんて」などと考え、不安や心配で勇気がくじかれてしまうのです。

しかし、事実は、まだ現実に起こってもいない未来にとらわれて妄想を抱いているに過ぎません。だから、そんな風に考える必要はありません。妄想にいちいち反応せずに、とりあえずただやってみようというスタートラインに、まずは立ってみる。そして、できることを実際にただやってみる。すると、人生も仕事も、不安や心配などの苦悩を抱えることがなくなり、かなりラクになります。失敗することばかり考えていても仕方ありません。結果ばかりを気にしてスタートラインにも立っていないのに、バッドエンディングばかりを考えるのはナンセンスです。

それでもなお、リーダーなのだから無責任なことは簡単に言えないし、できない、やはり自信がないと考えてしまうかもしれません。ならば、無理にリーダーである必要はないのかもしれません。無理をして心身ともに壊れてしまっては人生が台無しです。疲れてしまっているのならば一度立ち止まって休養することも大事なことです。

自信過剰も自信過小も、結果のとらえ方の問題によって起こります。要は客観性を失って過剰反応しているに過ぎません。私たちは、自分が信じている思い込みに都合がいいように事実を解釈します。もし、思い込みと事実とが相容れないときには、事実を歪曲して解釈します。ですから、自分のことを「私は人より劣っている。何をやってもダメな人間だ」と信じてしまっている人は結果をそのように見て受け入れてしまいます。

人間には言葉にしたことと実体を無意識のうちに合わせようとする習性があります。ですから、「私は人より劣っている。何をやってもダメな人間だ」などと実際に言葉にしていれば、どんどんダメ人間であるような出来事を取り上げては自分を仕立て上げていくことになってしまいます。

また、本当は、リーダーとしてすべきだことだと感じていることを行動に移さずに先送りにばかりしていると、消化不良を起こしてしまいます。仕事でいえば、未完了の案件をいくつも同時に抱えてしまっている状態です。やらなきゃいけないのにやれないという葛藤状態。しかしながら、この状態は非常に不健全ですから、無意識に人間はその状態を回避しようとします。すると、行動しなくてもよかったのだという自己正当化が始まります。つまり、言い訳ですね。しかし、言い訳ばかりをしているリーダーに人はついてきません。

ならば、未完了の状態をなるべく回避するための方法はシンプルです。行動すればよいだけです。ただ、気をつけなくてはいけないことは、すべてをやらなければならないなどと考えないことです。それこそ、疲れて壊れてしまいます。自分にとって「今」からでもできることをする。小さなことで構いません。この感覚がとても大事です。

何をすればよいかわからなければ、「何をすればよいですか?」「どうすればよいですか?」と聞いてみましょう。リーダーだからと格好つけることはありません。教えてくれたら、「ありがとうございます」と感謝しましょう。お互いに仲間の力を信じて頼りましょう。迷惑をかけてしまったら、「ごめんなさい」と素直に謝りましょう。

そうやって、心や考え方をリセットして、自分にできることを淡々とやっていけばよいだけです。そして、少しずつできるようになって、経験を積んで、ふと振り返り、自分のたどって来た道を顧みて、「思えば遠くへ来たもんだ」と今自分がいる場所に気づいたとき、そして、ある程度自分が成果を出せるというように感じたとき、そのときに感じる手応えこそが、本物の「自信」になります。経験をしなきゃ始まりません。だからこそ、まずは自分にできることをやってみる。これに尽きます。

6 戦わない

「総じて、敵がわれらを謀らんとするときは、われらも策略を行いやすい。十中八九は必ずかかる」

『三国志』の中で、諸葛亮孔明が語った言葉です。誰かを騙し欺こうとしているとき、私たちは、それだけ無防備になりやすいということです。いわば戦いは騙し合い。敵を欺くためには、時には味方までをも欺くこともあります。敵は常に警戒しているでしょうが、味方はまさか騙されるとは思っていないから騙しやすく、しかも、騙されていることに気づいていないので、敵にも悟られずに済みます。

実は、同じようなことが私たち自身にも当てはまります。つまり、他人を騙すために自分で自分自身を騙すことはたやすいということです。

われわれの脳は簡単に騙されます。思い込み、信じ込みの力は強力です。記憶すら容易に塗り替えられるほどです。私が正しい。私こそが正しい。常にそう思いたいのが人間です。これはいわば、自己防衛本能です。私たちは、自分を正当化するためには、時に手段を選びません。自分を守るために平気で他人を陥れようとします。

客観的に見て、事実とは違い、本当は正しくないのに、自分が正しいと主張している人は嘘つきと呼ばれます。だから、自分こそが正しいと他人に認めさせるために、自分の嘘を隠すためのさらなる嘘が必要になるのです。嘘の上に、さらに別の嘘を塗り重ねていく。そして、結果、何が何だかわからなくなってしまうのです。だから、問題は埋もれ、自分では本当に正しいことが見えなくなってしまいます。

誰かを騙そうとしているとき、私たちは、無防備になりやすい。理由は、自分の正しさを信じ込んでいるために、問題が放置されることになるからです。つまり、問題を見つける力を失ってしまうのです。しかし、他人からは丸見え。バレバレです。バレてないと思っているのは本人だけ。滑稽極まりない。しかし、言い訳する姿は非常に見苦しいものがありますよね。

自己正当化とは、実は、「他人」に対して嘘をつくことではなく、「自分」に対して嘘をつくことです。自己正当化することによって、自分がとった行動を最善なものであったという確信にすり替えるのです。そうやって、虚構にまみれた安楽な居場所を確保し、偽りの正しさを手に入れるのです。しかし、偽りの世界に安住の地はなく、いつまで経っても問題はなくなりません。問題を隠し続けようとするリーダーシップに未来はありません。疲れないリーダーは偽りの世界に身を置きません。つまり、戦わないということです。

7 格好つけない

私がライフワークにしていることの一つに、アービンジャー・インスティチュートhttps://www.arbingerjapan.com/ の箱セミナー（CHOICEセミナー）があります。このセミナーは、全世界で150万部以上売れた書籍『自分の小さな箱から脱出する方法』（アービンジャー・インスティチュート著、大和書房）に書かれている「箱」という概念を用いて、職場や家庭など、人間関係におけるあらゆる問題を解決し、職場や人生をよりよくするための学びを共有するセミナーです。私は、そのセミナーのファシリテーターの一人として活動しています。

以前、2日間の箱セミナーを終えた後、師匠のアービンジャー・インスティチュート・ジャパンの陶山代表に、こんな風に弱音を吐いてしまったことがあります。

「2日目の夕方にあまりに疲れ過ぎて、不覚にもしゃべりながら寝てしまうかと思いました…。あんな疲れ方は初めてでしたよ。いったい、なんだったんですかね…」

そのときは笑って「大丈夫だよ、そういうときもあるから」と労ってくれました。しかし、私は本当に疲れてしまったのです。いつも疲れないわけではないのですが、とはいえ、心地よい疲れです。しかし、そのときは違いました。いつもなら、2日間の体力的な疲れはあるものの、気持ちのうえでの充実感や達成感で満たされているのに、何かがおかしい…。

しばらくして、陶山代表自身が以前、自らのセミナーを終えて感じたことを、フェイスブックのファシリテーターのグループページを通じて、みんなにシェアしてくれました。それを読んで、私は、私に対してくれたメッセージだと勝手に思い込み感謝しました。


……………………………………


ある日セミナーが終わった後、僕はとても疲れていました。

いつもと変わらぬ内容だし、慣れたことにもかかわらずです。

なんか、達成感はなく、どんよりした気分でした。

どうしてなのか…?

深く考えることはなく、答えは簡単でした。

そうです、僕はその人に気に入られようとしたんです。

その人の、言葉に、表情に左右されながら、どう答えるか、どう伝えようかと…そればっかり。

だから、話は間延びし、説明はしつこくなり、トントントンのリズムもない。

相手も、ダラけて集中力も継続しないわ、説明もわかりにくいわで…

不思議な顔になるわな、そりゃ。

気に入られることは、僕の利益であって、相手の利益にはならない。

とすれば、僕はどう構えればいいのか…

そっか、反対に僕が相手を好きになればいい。

「相手を好きになること」

これは相手の利益になる。

でも…無理やり好きになるのは、ちょっとね…

難しいし、自然に流れるようにはいかん。

もう少しレベルを下げるならば、

「相手が何をしようと、どうあろうと、僕がその人の味方で居続ければいい」

この感じなら、無理なく行けるかな…ってなことで落ち着きました。

どう心の状態を整えるか。

相手から気に入られようとすれば、相手に共感することはなく、きれいな話を続け、いつしか正義を唱えてしまう。

僕が自分の子供たちに抱く気持ちのような
「大丈夫、困ったときは助けに行くから。怖くないよ、心配はするな」

てな感覚を忘れずにいることができれば…

いつの日か「その人の味方で居続ける」ことに大きな自信を持てる人になりたいと決意した一日になりました。

なるほど。私は、うまくやろうと必死だったのです。つまり、嫌われないように、気に入られようとしていたのです。自分をよく見せよう、格好つけようと必死にがんばったのです。だから疲れてしまったのです…。

よく見せようとすれば、不自由が生まれます。自分に制限をかけたり、拘束することで、しなくてはならないことがどんどん増えてしまうからです。これは、「箱」のファシリテーターはもちろんとして、誰かに何かを伝える立場や、誰かをけん引する立場である人にとっても、大きなヒントになります。リーダーと呼ばれる人、経営者や教育者、親も同じです。いや、もっといえば、世の中のすべての人に当てはまることだと思います。

気に入られなくたっていい。格好つけなくてもいい。誰かに貢献するとき、お役に立とうと思ったとき、私たちはどんなあり方でいたらよいのか。疲れるリーダーシップはやめてパワフルに。改めてお師匠さまに感謝。

8 「文鎮御守型」のリーダー

私が目指すリーダー像は、何もしなくても存在感と影響力を持つリーダーです。そのようなリーダーのリーダーシップスタイルを、私は「文鎮御守型《ぶんちんおまもり》」と呼んでいます。「文鎮」のようでもあり、「御守」のようでもあるリーダー。なんのこっちゃですよね。これは、フラット型のいわゆる文鎮型組織の長になりたいという意味ではありません。

文鎮は、言わずと知れた文房具です。英語ではペーパーウェイトともいいます。紙や書類が飛んだり動いたりしないように、重石《おもし》となる道具です。風が吹いてもヒラヒラと紙が舞うことがないよう、何もせずにただそこに存在する重石。

ブレず、揺るがず。あちこちとブレそうになるフォロワーに対し、重石のような役割を果たすリーダーです。

以前、この文鎮のようなリーダーの話を、師匠が実例を交えてしてくれました。先ほど紹介したアービンジャー・インスティチュートは、現在、世界21カ国の拠点で活動し、大本部は、アメリカのユタ州ソルトレイクシティーにあります。そこで毎年、各国の代表者が集まるミーティングがあり、日本の代表である私の師匠も参加しています。

数年前のミーティングの最中に、とある国の代表者がいきなり怒り始めたことがあったそうです。

「こんなミーティングに、いったい何の意味があるんだ！」

停滞したミーティングの状況のなか、静寂をつんざく怒声。

「私はお金も時間もかけて、はるばるやって来ているんだ。目的も目標もはっきりしないこんなミーティングに何の意味もない！　もっと建設的なミーティングにしてくれっ！」

突然のことに動揺する参加メンバー。そこで、アメリカ本部の代表、テリーとジムの動向にみんなの注目が集まります。アービンジャーのトップは、いったいこの場をどう収めるのか。

緊張感漂う状況のなか、静かにジムがこう語り始めたそうです。

「君がもし望むことがあれば、それを提案したらいい。それをみんなでシェアし、話し合おう。そして、もし、他のメンバーも意見があれば、それもみんなで議論したらよいと思う。しかし、これだけは忘れないでほしい。われわれの目的は、人々のお役に立つことだ。それだけは忘れないでくれ」

話はそれだけです。しかし、たったその短い言葉だけで場の空気が変わったのです。

誰かのお役に立つこと。自分の仕事は誰の役に立つためにあるのか。これは、テリーやジムがいつも問いかけ、発信していることであり、アービンジャーが最も大事にしていることです。そして、どんなときでもただひたすらに同じことを伝え続け、発信する姿に、私の師匠は心打たれたそうです。

誰かのお役に立とうと思うならば、自己中心的な考えだけで行動することはできません。彼は、きっと気づいたはずです。自分のことばかりを考えて、ついつい感情的になってしまったことに。そもそも何のために集まっているかを見失っていたことに。その証拠に、その後、涙を流してみんなの前で自分の行動を恥じ、悔いたそうです。

ブレない、迷わない、揺るがない。だから、相手に安心感を与えることができるようになる。同じことを言い続け、伝え続けられるリーダー。いつも原点を思い出させてくれる人。私にとって師匠もそんな存在です。

また、彼は、「文鎮」のほかにも、ただ存在するだけで安心や安全を生み出すことのできるリーダーのあり方として「御守」の話をしてくれました。御守は、身につけていると危難を逃れることができると信じられているものです。もちろん、それ自体が物理的に何かしてくれるものではありません。ってか、何もしてくれません。

ところが、その価値を信じている人が身に着けていると、安心感や勇気を与えてくれる存在となります。つまり、リーダーとしてこの御守のような存在になるということは、信頼され、近くにいるだけで、安心や安全を生み出すことができる存在であるということです。

「文鎮御守型」のリーダーシップのリーダーは何もしないリーダーです。コントロールを手放すことで、組織をまとめるリーダーシップを発揮するのです。組織の硬直や緊張をなくし、働く人たちの意欲に影を落とすような不安やストレスをなくしていく。

強制力の中で組織内に不安やストレスが蔓延すれば、安心安全を確保するためばかりに意識が集中してしまいます。つまり、自己中心的で自分たちの保身ばかりを気にして、組織の外側に意識を向けることができなくなってしまいます。ということは、ＣＳ（顧客満足）など上がるはずもなく、企業としての成果が出にくくなることは必然です。

重り（おもり）や御守（おまもり）になっても、世話をやく意味でのお守り（おもり）をしてはいけません。何もしなくても他者に影響を与えられる存在として、リーダーシップを発揮できる存在を目指すのです。

9 「となり」のリーダー

お伝えしているように、「何もしない」というのは、言い換えるならば、社員や部下などのフォロワーが自立的な成長を遂げるために、リーダーが指示命令などで直接的に「コントロールしない」ということです。

リーダーの思いどおりにフォロワーを変えようとしてもうまくいきません。それは、相手が意思を持った人間だからです。無理やり変化を強要すれば、普通は抵抗や反発を生み出します。それを許さない空気や文化をつくることはできますが、自立的な社員の成長などは、夢のまた夢となります。

ならば、フォロワーの自立的な行動を生み出すために、リーダーが積極的かつ直接的にかかわって相手に変化を促すことはできないのでしょうか?

行動は、考え方や感情が生み出すものです。ですから、考え方や感情を動かし、変化させることができたなら、行動を変えられるはずです。実は、リーダーが他人の心に影響し、行動を変えることができる唯一の力が存在します。それが共感する力です。

リーダーがフォロワーにできることは、たったひとつだけです。それは、ただ寄り添い、相手を知り、理解することです。これしかありません。相手の心の痛みや苦しみや悩みをただ知ることです。どんなことに困り、悩み苦しんでいるのか。相手の置かれている環境を知り、相手の置かれている立場を知ることです。それだけです。

私は4人の子持ちですが、どの子も就学前のおチビちゃんの頃は、一度泣き出すと収拾がつかないほど泣きじゃくってしまうことがしばしばありました。感情が暴走してしまい、自分でもコントロールできない状態です。こんなときに、大人の論理で理屈を並べて叱ったところでどうにもなりません。

ところが、一瞬で泣き止む方法があります。これはどの子にも効きましたので、効果のほどは間違いありません。やり方は簡単です。抱っこして、相手の感情をフィードバックしてあげるだけです。悲しかったね、嫌だったね、欲しかったんだよね、などと言ってあげるだけです。すると、あっという間に泣き止みます。

そして泣き止んだ後に、なぜよくなかったのか、どうすればよかったのかということを教えてあげます。すると素直に話を聴いてくれます。

また、宿題などで、子供の勉強を見ることがありますが、教えてもなかなか理解してくれないとき、ついついイラついてしまうことがあります。いかんいかんと思いながらも口調が荒くなってしまう。こんなときのコツは対面に座らないということを心がけています。座る位置は必ず「となり」です。しかもかなり近づく。まさに寄り添うのです。すると、親は不思議と対面で感じたような気持ちにならず、さらに、子供の理解も不思議と進むようになります。だから、急に勉強がはかどるようになります。

相手を理解するために必要なことは、相手の目線に自分の目線を近づけることです。そうしないと、相手の見ているものや景色を見ることができません。また、相手の痛みを知ることができません。隣で寄り添うリーダーの共感的なリーダーシップ。名付けて「となり」のリーダーシップ。

リーダーは、フォロワーの見ているものや景色を見に行くことができるかどうかで影響力が変わります。自分のことを理解してくれるリーダーについていきたいと思うのが普通です。一方的に頭ごなしに命令ばかりされて、自分の話を聴いてくれない経営者や上司に信頼など寄せることができるでしょうか？

他人の行動を変えることができる唯一の力。それこそが「共感力」です。相手のとなりに行って、相手が見ている世界や景色を見ることです。

共感というと、とかく同調することと混同されがちです。

たとえば、誰かに対してひどく怒っている人がいるとします。「わかるわかる」と言いながら同じように腹を立てて愚痴を言い合う光景。赤ちょうちんで一杯ひっかけるサラリーマンにありがちの光景だったりしますが、これは完全に同調や融合している状態であり、正しく相手を理解しようとする態度ではありません。相手のことを理解するために、わざわざ同じ感情を味わわなければならないということではありません。

ですから、あなたはそう感じたのですねと認め受け入れるだけでよいということです。相手の痛みをともに感じることができるレベル感にあれば、なおさらパワフルではありますが、自分のことではないことにいつも痛みを感じてあげることはなかなか難しいことです。

共感の心を持って相手を理解する。「共感的理解」ともいいますが、まずは相手の状況を知るために、リーダーが自ら進んで「となり」に行くことです。

実際に、となりに行って座ってみると、その人が見ている世界や景色が見えてくるかもしれません。まずは相手の立場に立ってみる。相手を自分と同じ「人」として見る。「となり」のリーダーは、人間を無機質な「物」のように扱う存在ではありません。相手を自分と同じ「人間」として見て接するリーダーです。

⑩「太っ腹」のリーダー

「あのさ、結論から先に言ってくれる？」
「だからさ、いったい何が言いたいの？」

たとえば、あなたが部下だとして、こんな風に上司に言われたらどう感じるでしょうか？　急かされているように感じるかもしれません。ですから、焦って、よけいに支離滅裂な説明になってしまい、ますます結論から遠ざかることになってしまうかもしれません。印象は、当然悪くなるでしょう。評価は下がり、重要な仕事を任されることもなく、モチベーションの上がらない毎日を過ごすことになるかもしれません。

しかし、反対にこのとき、あなたが抱く上司への印象はどうでしょうか？　尊敬できる上司だと思えるでしょうか。信頼できる上司として頼りにすることができるでしょうか。感謝できる上司でしょうか。

評価は上司だけがするものではありません。たとえ表に出ないとしても、相手も上司を見ています。なぜならば、コミュニケーションは双方向だからです。もしも、あなたがリーダーならば、部下や社員を評価、判断していることがあるかもしれませんが、同様に自分も相手からしっかりと評価されていることを認識しておかねばなりません。

「あのさ、結論から先に言ってくれる?」

「だからさ、いったい何が言いたいの?」

たとえば、同じように旦那さんにこんな風に言われた奥さんは、どう感じるでしょうか。奥さんは、そもそも結論なんて考えていなくて、問題を解決してもらいたいわけでもなくて、ただ旦那さんとコミュニケーションがとりたいと思っていただけだとしたら、どう感じるでしょうか。奥さんは旦那さんに対して愛情を感じるでしょうか。優しい人だと思うでしょうか。もっとたくさん話をしたいと思うようになるでしょうか。もっと優しくしてあげたい、逆にもっと話を聴いてあげたいと思うようになるでしょうか。いつも自分の問題を解決してくれて頼もしい人だと尊敬してくれて、愛情が深まるでしょうか。それで関係性はよくなっていくのでしょうか。

得たい結果に着目し、それを目標にすることはよいことです。仕事の目標も然り。そして、仕事において一般的には、目標を立てるときには数値的に測れる基準があることが望ましいとされます。なぜならば、具体性に欠けて感覚的なものは実現されにくいからです。目標が曖昧になってしまうと、具体的な行動に落とすことができません。また、数値目標があると、結果が一目瞭然ですから、上司もマネジメントしやすいのです。

部下に対して、指示しやすいし、評価もしやすい。合理的で効率的、客観的で説得力がありま す。つまり、部下に対して反論を起こさせずにコントロールがしやすいのです。結論に至るまでの最短コースをたどり、よけいなことは考えなくてよくなります。とっても楽。エネルギーをかけずに単純な情報処理だけで済みます。だから、数値、つまり結果で判断するマネジメントに頼りたくなるのです。

ところで、このような楽なコースを好んで選択する人のことを、心理学的には「認知的ケチ」と呼んでいます。そう、ケチです。やーい、ケ〜チ。ケチはしみったれとも呼ばれます。よい意味では使われません。器が小さく、意地悪で寛大さもない。卑しくてせこい。ああ、ケチはイヤですねぇ。結果ばかりを追い求めていると、どうやらイヤな奴になってしまうようです。

認知的ケチになると、副作用が生まれます。他人のことを、

・決めつける
・考えない
・理解しようとしない

ようになってしまいます。ですから、他人に対して、

・物のように扱う

・関心がなくなる

・邪魔な存在とみなす

ようになるのです。人を人として見ずに、自己中心的で自分のことばかり。楽して自身の能力やエネルギーをなるべく使わず、ズルくてイヤな上司として、しっかりと部下は評価判断を下していることでしょう。言わないだけで…。

人間はそもそも非効率な存在です。ですから、人間を杓子定規に考えないことです。効率や結果や合理化ばかりを追い求めていると必ず破綻します。人間に対して「ケチ」にならないことです。人間に対して横着にならないことです。

仕組みや制度などマネジメント手法、つまり、「やり方」はシンプルで構いません。しかし、人にかかわること、つまり、「あり方」にかかわることは、丁寧に紡いでいくことが必要です。人間に対してケチではなく、気前がよくて「太っ腹」のリーダーに、人はついていきたいと思うものです。

できないことよりも できることに集中するから疲れない

1 **自分が無駄な動きをしないから疲れない**

リーダーが「何もしない」で、仕事を「任せる」と、フォロワーが自立的な成長を始める。

2 **他人をコントロールしないから疲れない**

他人よりも先に、自分の内面を整えることがこれからのリーダーに求められている。

3 **被害者にならないから疲れない**

自分がしていることに自覚的になり、意図的に行動をすれば被害者にならない。

4 **力の入れどころがわかるから疲れない**

不可能を可能にしようと無理に努力をせず、今できることから勇気を持って実行する。

5 **できないことはしないから疲れない**

まずは自分にできることを行動し、経験値を上げて自信をつける。

6 **自己正当化しないから疲れない**

偽りの正しさを追い求めず、同じ問題を繰り返さない。

7 **自然体だから疲れない**

格好つけて自分をよく見せようと必死にがんばらない。

8 **何もしなくても影響力があるから疲れない**

コントロールを手放すことで、存在感と影響力あるリーダーシップを発揮する。

9 **視点を変えるだけだから疲れない**

リーダーが他人の心に影響し、行動を変えることができる唯一の力は共感力である。

10 **「認知的ケチ」にならないから疲れない**

杓子定規に、効率や結果や合理化ばかりを追い求めているとマネジメントは破綻する。

第4章

疲れない技術

1 空回りする現実

「あいつらは本当にやる気がないし、危機意識もない」
「会社が変わらないのは社員が変わらないからだ」

そのように嘆いても、結論からいえば、そもそも社員たちは変わりたいとは思っていません。変わる必要性を感じていなければ、自主的な行動は生まれないでしょう。だから、変わらないのです。

何かやれと言われたところで、嫌々やれば形だけのものとなります。大抵の人は、面倒くさいことは嫌いだし、今のままでも構わないと思うのが自然です。ですから、言われなきゃやりません。いや、言われてもやらないこともあるでしょう。そもそも、水場に連れて行っても、馬は飲みたくもない水は飲まないものです。人間だって基本的には同じです。社員たちの中には、現状維持ではいけない、だから今のままではよくない、変わったほうがよいだろうと問題意識を持っている人たちもいます。

しかしながら、現実的には何かを変えるような自主的な行動はなかなか生まれないのが実情です。なぜならば、心のどこかで変わりたくないという意識も同時に働いているからです。これは、メタボな人がやせたほうがよいということはわかっていながらも食べ続けてしまうということに似ています。今のままではいけないとは思っているものの、食べてしまうのです。そして、食べてしまった後にこんな風に考え始めるのです。「明日からやめよう、いや、そのうちにやめよう」と。いわゆる先延ばしです。

最近の研究によると、このままでは病気になって死にますよと医者に警告されても、目の前に死が迫っていなければ、多くの人は習慣を変えるべく行動に移せないといわれています。行動に移せる人は、7人に1人。なんと85%の人が変わることができないという結果です。大事なものを失うことや、よほど困ることがないと、なかなか人は変われないようです。

これはリーダーも例外ではありません。リーダーも人間ですので。とはいえ、まじめなリーダーたちはがんばるのです。ほとんどの社長さんは会社をよくしたいと思っているし、日々努力もしています。行動している人が、リーダーの7人中に1人だけだなんて思いません。自分こそが率先して行動せねばならぬのだと志を高く持ち、健気にリーダーシップを発揮しようと努力している人はたくさんいます。しかし、がんばっているのにもかかわらず、報われずに、空回りし、そして、勘違いされながらもがんばり続け、疲弊し、そして心病んでいくリーダーたち。

なぜ、うまくいかずに空回りしてしまうのでしょうか。実は変わりたいと思いながらも、同時に変わりたくないとも思っているからです。なぜならば、変わりたくない理由があるのです。

2 空回りする理由

先日、わが社の朝礼見学に、とある会社の女性社長さんがお越しくださったときのこと。朝礼後にお茶をしながら、お話を伺っていました。なかなか社員たちが自立的に動いてくれないと嘆き、非常に困っている様子でした。いろいろとお伺いする中で、少し気になったことがありました。どうやら彼女の会社では、最近社員同士で流行っている合言葉があるらしいとのこと。それが、「人は変わらない」だそうです。この合言葉を社員たちがあちこちで発するらしいのです。人間は、生きているだけで老けるので、それだけで十分変わっていると思うんですけどねぇ…なんていうへ理屈はさておき。

しかし、なぜそんな合言葉が流行ってしまったのでしょうか。私は社長さんの話を聴いていて、どうやら「人（他人）は変わらない（だから自分が変わる）」ではなく、「私は変わらない」もしくは「私は変わりたくない」と言っているように聞こえたわけです。それならば話の文脈から納得できると。

「だって仕方がないじゃないか！」

「自分は悪くない！」

「いつも自分ばっかり…」

実は、このように、愚痴や弱音を吐いて、弱者のふりをしていると得られるメリットがあります。つまり、裏の目的です。たとえば、面倒な仕事が減り、早く帰ることができるとか、同僚たちが自分に気を使ってくれるとか、無理な仕事を押しつけてくる上司に対しても牽制することができるとか。言いたくないことも、言わずに済むかもしれません。しかし、同時に不幸もやって来てしまいます。自分の意思で自分の人生を切り開くことができなくなるのです。ですから、残念ながらずっと不自由がつきまとうことになってしまいます。無力さを装い無責任でいると、不自由で不幸な人生が待っています。

結論的に申し上げれば、「私は変わりたくない」という合言葉は、社員だけのものではありません。実は、リーダー自身が率先して使っている言葉であることを付け足しておかねばなりません。そんなことは言っていないと思うかもしれませんが、無自覚に気持ちが非言語なところで発せられて、周囲に伝わってしまっている可能性が大いにあるのです。

大抵の場合、何かを失いたくないという恐れが変化を阻害します。ならば、リーダーが失いたくないと思っていること、つまり、逆をいえば、変わらないことで得られる利得や恩恵があるのです。メリットとデメリット。変化を阻害する最大の理由は、組織に対して最も影響するリーダーの潜在意識の中に存在します。リーダーが意識的に望んでいることと無意識的に望んでいることが違えば、変化は起こらず空回りする原因となってしまいます。

3 最優先課題

組織を自立させることができないリーダーが失いたくないもの。それは、さまざまな権限や権利を利用して、自分の思惑どおりに他者を自由にコントロールすることです。商品やサービスにかかわることはもとより、財務にかかわることや人事や情報掌握にかかわることなどを含めて、さまざまなことを決定する特権をリーダーは持っています。ところが、それらの権限を手放したくないという執着が変化を阻害します。だから、うまくいかないのです。

リーダーが権限を手放さない限り、自立した組織にはなりません。なぜならば、人は何かを決めるという決定のプロセスにおいて多くを学び成長できるからです。何でも決めてもらうという依存体質の組織に自立はありません。ですから、組織の成熟度に合わせて、権限を委譲するタイミングや段階はあるかと思いますが、徐々に任せていくことが必要です。

裏の目的。これがあれば、残念ながら表の目的は達成されません。つまり、自立型の組織をつくるという目的を掲げていても、自分がコントローラーとして組織内に存在したいという裏の目的を手放すことができなければ、組織変革はありません。同時進行は無理なのです。

リーダー自身が変わりたくない、変えたくないと思っていれば変わるはずがありません。そして、何よりもやっかいなのは、リーダー自身にその自覚がないことです。意識と無意識とが乖離している状態に気づけないのです。

人間は、快よりも不快を避けることを優先に行動します。ですから、失うことへの恐れを心のどこかで抱えていれば、無意識に自分を守ろうとします。しかし、そもそも、守ろうとするということは、弱い自分を露呈しているようなものです。

他者をコントロールしようとすることは弱さの象徴です。赤ちゃんは弱い存在ですが、鳴き声ひとつで周囲をコントロールしようとします。また、いじめっ子は家庭内に問題があることが多いですが、家庭で常に不満を抱いているので、自分より弱い者をいじめることで支配者になった気分に浸るという悪循環が表面化した現象だったりします。リーダーが組織に対して充実感や満足感を得られず、また心のどこかで自分の弱さや劣等意識を感じているときにも同じようなことが起こります。

「自分が何でもできる」という感覚を意味する心理学用語に、「全能感」というものがあります。自分が優位になりやすい立場であるとき、特に子供の発達段階において、しばしば見られる現象です。ジャイアン現象ですね。つまり、リーダー自身がこの全能感に支配されているという状態であるならば、心理的に大人になれていないということです。ならば、リーダー自身が心理的に自立することが最優先課題となります。

4 二方向コミュニケーションを知る

全能感に支配されているリーダーは、まさか自分が心理的に自立できていないということに気がついていません。ですから、まずは気づくことです。それが、自立への第一歩です。

そもそも、私たちは自分の身の周りに起こる出来事を100パーセント自分の思いどおりにコントロールすることなどできません。たとえ相手が子供や社員や部下などの弱い立場であっても、他人の発言や態度、行動をすべて自分に都合のよいように変えることはできません。相手が赤の他人なら、なおさらのことです。

他人のことはコントロールできませんが、しかし、自分の考えや心の持ち方を自分の意思でコントロールすることができれば、全能感の支配から解放されて、自由と自立を手に入れることができます。つまり、心理的な自由を得ることができるのです。

どんな環境にあろうと、自分がいつでも自由であると感じられたら、被害者になることもなく、怒りや悲しみ、苦しみや不安などのネガティブな感情を感じることもありません。心の自由を手に入れられれば、疲弊することなく、「疲れないリーダー」として組織に自由と自立をもたらすことができるようになります。

人間の行動は、考え方や感情が反映されたものです。ですから、私たちの考え方や感情が変われば、行動や選択は変わります。他人を変えることはできません。過去を変えることもできません。変えられないものを変えようとすればするほど、期待どおりにならない現実を抱え、苦しみは増すばかりとなります。

結局、人は皆、意識的に頭でいろいろなことを考えていても、最後には無意識の心が信じている「セルフイメージ」にふさわしい人生を生きてしまうことになります。ですから、目の前にある現実や人生を変えたいと思うのであれば、まず真っ先にすべきことは、私たち自身のセルフイメージをチェックすることです。

性格を取り上げて、内向的、外向的と言ったりしますが、これはコミュニケーションの指向タイプの違いです。自分指向か他人指向かということになりますが、この二方向のコミュニケーションは振り子のように連動します。つまり、対人コミュニケーションがうまくいかずに悩んでいる人は、自分とのコミュニケーションも同様にうまくいっていないということになります。自分とのコミュニケーションというのは、まさにセルフイメージのことを指します。セルフイメージは、人間関係の良し悪しを決めるキモとなります。

あなたがリーダーだとして、もしも自分が望む世界を実現できていないとすれば、それは、自分の内面と正しく向き合えていないということです。

5 不都合な真実に気づく

原始仏典にこんなエピソードがあるそうです。ある国の王様が、生まれつき盲目の人たちを集めて、象を触らせました。一人は鼻を、一人は足を、一人はしっぽをと、体の一部分だけを触らせ、それから、王様はこう尋ねました。

「象とはどのようなものか言ってみよ」

すると、一人は「犂《すき》の長柄のようなものです」と答え、一人は「石柱のようなものです」と答え、そしてまた一人は「ほうきのようなものです」と答えました。他の部分を触った盲人たちも、めいめいに象とはこんなものだと主張しましたが、お互いの意見が食い違っていたために、「おまえの意見は間違っている！」と罵り合い、殴り合いを始めてしまいました。そして、その光景を見て王様は大笑いをしたという話です。大笑いする王様もどうかと思いますが、あなたはこの話で笑えたでしょうか。この話から私たちが学べることは、いったいどんなことなのでしょうか。

私たちは、自分が見ている世界だけをとらえて、それがすべてだと思い込んでいることがよくあります。つまり、人は一部分しか見ていないのにもかかわらず、すべてを理解した気になって自分の正しさを主張してしまう存在だということです。自分が見ている景色と他人が見ている景色は違います。立っているところが変われば違うのは当然。よく考えなくても、少し考えればわかることなのに、なぜか不思議とわからなくなるのです。

極端な話、たとえば、頭にすっぽりと段ボール箱を被ったとします。自分の姿や見える世界を想像してみてください。あなたの視界は箱の中だけです。真っ暗闇。あなたにできることは、その箱の中で、外側の世界を想像することぐらいです。ですから、時に妄想が膨らみ、よからぬことを考えてしまったりもするわけです。暗く狭い世界の中で、見えない物や人を想像で大きく見たり、小さく見たり。被害者意識を持って悪く見たり、必要以上によく見たり。怯えたり、見下したり、蔑んだり、羨んだり、妬んだり。段ボール箱の中では、客観的に物事を見ることはできなくなります。自分の価値観や尺度だけが頼りになるのです。井の中の蛙状態。

ところが、そもそも、段ボール箱に入っていることに気づいていないとしたらどうでしょうか？　気づかぬ間に箱を被ってしまっていたとしたらどうでしょうか？　つまり、自分が井戸の中にいる蛙であることに気づかず、段ボール箱の中の暗く狭い世界こそが正しい世界だと信じ込んでいたら、何かを変えようなどと思うことはありません。つまり、間違いが正しくなる世界の中で、問題となることをどんどんつくり出してしまう張本人こそが自分であるということになります。これこそが、問題を生み出す本当の原因です。

段ボール箱の中では、あなたの考えている世界こそが、あなたにとっての現実です。ネガティブにはネガティブな現実。ポジティブにはポジティブな現実。つまり、自分だけの、自分に都合のよい考え方しかできなくなるということです。段ボール箱の中では、見えない世界を空想や妄想で処理しなくてはなりません。常に心配や不安に駆られ、怯えて生活しなくてはならないでしょう。

私たちは、自分の姿を一生涯、自分で見ることができません。幽体離脱でもすれば別ですが。ところが、他人からはよく見えるのです。実際に段ボールを頭に被っている人があなたの目の前に現れたらどう思いますか? 不気味かつ滑稽。しかし、格好悪い姿を曝していても、本人は至ってまじめです。自分がどんな姿をしているのかを自分で見られないのだから、仕方ありません。

「どう考えても自分が正しい!」そう考え始めてしまったら注意が必要です。もしもあなたが段ボール人間だったら、そもそも「どう考えても」というその考え自体、自分の頭で考えている以上は、「どう考えても」自分の考え方でしかありません。つまり、逆説的ですが、「自分は正しい」と考えた時点で正しくなくなるというのが真理なのです。したがって、自分では見えなくなることが多いため、他人からフィードバックされることはとっても大事なことなのです。

良いことも悪いことも含め客観的な意見をもらえることはありがたいことです。しかしながら、良いところは言ってほしいし、教えてほしいとは思っても、悪いところは聞きたくないと思ってしまうものです。

ですから、言われなくて済むような雰囲気やオーラを無意識に出してしまうのです。毒毛虫のように毒針をまとい、スカンクのように敵を寄せつけない。言いやすいオーラを出せば、悪いことも含めて何でも言われてしまいます。ならば、自分にとって都合が悪いことを言われないような態度を選択しておいたほうがストレスなく生きられるかもしれないと考えてしまうわけです。自分の言われたいことだけを言われたいと思うし、優秀だと思われたいし、褒められたし、いい人だと思われたいし、嫌われたくもありません。

問題を生み出す本当の原因は、自分の置かれている状態や自分自身の状態を客観的に見られなくなることによって起こってしまいます。ですから、変化するためには、問題に気づくことができるマインド（心の持ち方）やあり方を考え続けることが大事なのです。

6 マインドセット（心の持ち方）を変える3ステップ

私たち人間は、自分が盲目的に信じ込んでいるセルフイメージに都合がいいように事実を解釈し、行動します。もし、自分が正しいと信じているイメージと事実が違うときには、事実のほうを捻じ曲げて、自分に都合よく解釈してしまいます。たとえば、自分のことを優秀で重要な扱いを受けて当然の人間だと信じている人は、周囲の人のダメなところを必死に探し、こき下ろすことで自分の立場を少しでもよくしようとします。他人の目標が達成されるような手助けもしません。

反対に、自分のことを他人より劣っているダメ人間だと信じている人は、目標の達成や成功を収めたときに、素直に自分の成功を喜ぶことができなくなります。自分のことを大した人間ではないと思っているので、たとえ結果が出たとしても、単なる偶然やマグレだと考えてしまうのです。こうして自分が信じているセルフイメージどおりの現実を作り出してしまいます。

リーダーは、時として、「リーダーたるものは」「社長たるものは」「経営者たるものは」「男たるものは」というように、自ら進んで重荷を背負ってしまうことがあります。そして、自分で抱いた虚像や、見せかけの自分に振り回されてしまうのです。「ありのままの自分ではいけない」「こんな臆病な性格では社長は務まらない」「私はまだ若過ぎるからなめられる」「私はもう年だから行動できない」……。そんなネガティブなイメージを持って、必要以上に自分を大きく見せたり、格好をつけたり、反対に消極的になってしまうわけです。

しかし、そのようなイメージを持ち続けると、いつしか、本当の自分が誰なのか訳がわからなくなってしまいます。ですから、社長だから、リーダーだからと不必要に格好をつけなくてもよいし、威張る必要もありません。威厳や存在感は見せかけるものではなく、自然と備わるものだからです。本当の自分ではない自分を演じるようなものですから、はっきりいって疲れます。つまり、疲れないリーダーになるためには、リーダーとしてのセルフイメージをどう持つかということがとても重要なことになるのです。

組織の姿は、リーダーのセルフイメージに大きく影響されます。シンプルにいうならば、会社の姿は社長のセルフイメージどおりになっているということです。理想的な会社の姿をイメージしてもそうならないのは、自分自身のイメージがそこに大きく影響しているという事実を知らないからです。自分の外側で起こっている現実が、まさか自分の内側で起こっていることと連動しているとは思えないからです。しかし、それが事実です。

ここでは、リーダー自身のセルフイメージを整え、心理的な自立を促すためのマインドセットについてお伝えしたいと思います。

(1)「信じる」

他人の不幸を望む集団

コンサルティングの一環で、あるクライアントの営業マネージャーにヒアリングしたときのことです。

「彼（マネージャー）の様子が最近おかしい。売上も不振。少し話を聴いてやってもらえないか」

このように社長に依頼されて、マネージャーにヒアリングをすることになり、愚痴や不満から悩み事までいろいろと話を聴きました。

・マネージャーとしての仕事量が多すぎるが、そのわりに待遇面で報われていない。
・会社のために身を粉にして働き、また組織の防波堤となるべくお客様のクレームなどにも対応しているが、自分の仕事ぶりを評価してもらえていない。
・何のためにがんばっているのかわからなくなり、モチベーションが上がらない。

大枠でこんな感じでした。

ヒアリングをする中で、私は彼に対して二つだけ意図的に質問をしました。一つ目は、「今、会社の中で信用、信頼できる人はいるか」ということです。この答えに対する彼の答えはＮＯ

でした。一人もいないという答えが返ってきたのです。これはあまりにもさびしいことです。仲間に対して、誰のことも信じることができないということは、どれだけ孤独感を感じていたことでしょうか。いや、もはや仲間ではありませんね。いわば敵です。彼の孤独感がヒシヒシと伝わってきました。

そして、もう一つの質問。それは、「社長からの信用、信頼を感じているか」ということです。この質問に対する答えも残念ながらＮＯでした。そこで私はこう尋ねてみました。「社長に信頼されていると感じたら、待遇などは大して気にならないですか?」と。すると、答えはＹＥＳでした。信頼されていると感じていない人が、他人を信じることは難しいことだと思います。愛情に飢えている人が、他人に対して思いやりや施しを与えることは難しいことです。そのために、マネージャーは誰も信じることができなくなっていました。

結論的に、マネージャーの願いは、「社長にもっと信じてほしい」ということでした。これだけです。職場では、リーダーがフォロワーを信じることができないことで起こっている問題がたくさんあります。社長が社員を信じられなければ、職場には欺瞞の風土が出来上がります。お互いに疑い合い、信じ合うことができない風土に安心安全はありません。

お互いを信じられない人たちの集まりはただの集団です。仲間ではありません。助け合う文化はなく、相手のために何かをしてあげたいと思うことはありません。信じるものや拠り所がなければ、モチベーションも上がらず、働くことは、ただの作業をこなすだけの辛くつまらないものになってしまいます。

人間の行動には動機が必要です。動機がなければ、何かを継続して行うことが非常に困難になります。しかも辛く、つまらないものを継続するためにはなおさらです。ですから、仕事においては、あるものが最も重要な動機になりやすいわけです。そうです、お察しのとおり「お金」です。

もちろんそもそも仕事に就くのは、生きていくためであることは間違いのないことですが、目的がお金のため、生活のため、自分と家族のためだけになると、仕事の作業化に拍車がかかります。お金のために妥協して日々をやり過ごし、対価に見合う労働量だけ提供し、我慢して働くというサイクルが生まれるのです。そして、その見返り分のお金や待遇だけを信じて働くようになります。いや、自分の見積もり以上のお金ですね。多けりゃ多いほどいい。少なく働いてたくさんもらえたら、超ラッキー。どこかにそんなおいしい職場はないものかと職場を転々とする人も少なくありません。

しかし、もちろん世の中はそんなに甘くはありませんし、大抵の場合、そのように考えて働くとうまくいきません。なぜなら、そのように考える人の自己評価と他者の評価が一致することはまずないからです。流れ作業のような単純労働や完全成果主義の営業販売の仕事ならばまだしも、多くの仕事は簡単に成果を測ることができません。ですから、こんなに働いているのに、こんなにがんばっているのに評価や処遇が伴っていない！と被害者意識の塊となって、不満が溜まっていくことになります。そもそも主観的に、私はこんなにがんばっているのだ！とアピールしたところで、評価は他人がするものです。しかし、仲間たちとのつながりや関係性を自ら断絶しているのですから、ますます評価は低くなるばかりです。

信頼関係のない職場には、嘘つきと被害者ばかりが増えていきます。悪いところや問題は隠し合い、相手のためになる言動は控えます。他人の悪いところばかりを取り上げて非難し合う風土になり、自己防衛のための正当化が習慣になります。ひどくなれば、相手の嫌がることをわざとして問題を起こしたり、足を引っ張り合うこともするかもしれません。

他人の不幸を望む集団に幸せは訪れません。もちろん、成果は生まれずにひどい結果が待っています。リーダーが自分のパフォーマンスを評価することは簡単です。影響力を及ぼしている人たちの反応をみれば一目瞭然です。あなたの周囲を見渡してみてください。あなたのしていることが鏡のように映し出されています。

自己信頼度を上げる

「任せて見守る」前に、必要なことは、「信じる」ことです。当然のことながら、そもそも、リーダーがフォロワーのことを信じていなければ、仕事を任せることもできません。「信じる」ということは、任せる相手の人間性を尊重し、自分と同じ「人」として見て、ありのままを受け入れることです。「物」のように見て扱えば、相手は心を持たない無機質で機械のような存在となり、考えも気持ちも理解する必要はなくなります。

相手を「人」として見始めると、見方が変わり始めます。自分と同じように成長を望み、仕事に対してやる気や意欲のある存在として見て、共感の心を持って接することができるようになります。相手は自分と同じように成長したいし、チャレンジしたいと思っている存在。だから、相手の立場に立って、相手の見ている場所から同じ景色を見るために寄り添う。

しかし、相手を「物」として見れば、仕事は任せられなくなります。社員や部下を便利な道具のような存在として見なせば、見込んだ価値や評価以下の成果ならば、今度は使えない道具として見なすことになり、なおさら仕事を任せられなくなります。

そもそも、人を「物」として見て扱うのは、勝手に行動してもらっては困るからです。想定外のことをされれば、自分の思いどおりにはならず、計画どおりにはいかなくなるので、都合が悪いのです。ですから、自分の都合のよいように動いてくれる、便利な道具のようになってくれる存在を評価の対象とするようになります。すると、当然ながら、言われたことしかやらない（できない）、優秀な「物」として出来上がります。それなのに、望んだ形として仕上がっているのにもかかわらず、このように愚痴や不満が出るのです。

「なんで、うちの社員（部下）は、言われたことしかできないのだ！」と。

人を「人」として見ることができると、その人を信じることができるようになります。ということは、つまり、「物」として見ている以上は、いつまで経っても他者を信じることができないということになってしまいます。

大切なことは、人を「便利な道具」として扱わず、「大事な人」として見ることです。リーダーの望む成果や結果を出したときにだけ評価判断をされるという構図を組織内に構築すれば、仕事に取り組むプロセスやあり方は、大事にされなくなります。しかし、人を「人」として見てお互いにかかわりあうことができると、疑心暗鬼な風土はなくなり、安心安全が確保されて「疲れない組織」になります。

また、人を「人」として見るという視点において、忘れてはいけない大事なことがあります。ここまでの話は、物事の片側だけの側面であり、前述したようにコミュニケーションをとる相手は二方向あることを忘れてはいけません。

つまり、他人を信じる力は、自分を信じる力に比例します。自分を信じることに比例して、振り子のように他者を信じることができるようになるのです。ですから、自己信頼度が高まれば高まるほど、他者への信頼感が増していくことになります。他人を信じて頼る前に、まずは自分を信じて頼ることが必要となるのです。ならば、自己信頼感を高めるということは、どういうことでしょうか。それは他人にするのと同じように、自分のことも「人」として見るということです。

自分を「人」として見ていないならば、「物」のように扱っているということになります。自分を「物」として扱うというのは、「○○や□□ができる自分には価値があるが、できない自分には価値がない」というように、常に評価判断して考えてしまうことです。このように自分を見てしまうと、体裁ばかりを気にして、常に他人との比較となり、劣等コンプレックスや優越コンプレックスに取りつかれてしまいます。これは、自分に対する見方、つまりセルフイメージが低いことによって起こってしまうことです。

リーダー自身が自己信頼感を高め、偏った考え方や盲目的に信じ込んだ根拠のない価値観やセルフイメージを手放す勇気を持てたときにこそ、組織の成長に必要となる「安心安全の場」の確保が可能となります。

たとえば、「人間はそもそもやる気がなく怠ける存在である」というような偏見を持っていれば、さぼっている事実ばかりを指摘したり、ダメなところやできないことなど、あら探しばかりをすることになるかもしれません。

繰り返しますが、相手の能力や人間性を信じられなければ、仕事を任せることはできません。それはつまり、逆をいえば、相手に対して許可できないことや許せないことが多く存在していると見なしているということです。しかし、禁止事項、制限事項が増加すればするほど、組織内で働く人の自由度は減少し、コントロール感の強い環境が生まれ、自立性や意欲は損なわれていきます。

自信がなく、自己信頼度の低い人は、総じて「○○しなければならない」「△△すべきである」という心理的なバイアスや思考の癖を持ち、自分に対する禁止事項や制限事項も多いのが特徴です。

他者への信頼も自分に対する信頼も、どちらも相関関係にあり、片方だけが大きくなったり小さくなったりすることはありません。自分に対して禁止事項や制限事項が多いということは、多くのことを許していないということですから、ブレーキをかけていることに対して、アクセルを踏む許可を出すか、もしくは、ブレーキを踏むことをやめるかのどちらかをすればよいのですが、まずは、自分が何をしているかを知らなくてはいけません。

アクセルブレーキ状態では、葛藤状態を起こして組織が疲弊します。また、ブレーキ状態ならば、諦めからの無気力状態が顕著になり、パフォーマンスは当然低下してしまいます。

(2)「嘘をつかない」

そうはいうものの、自分を信じる、信頼するという感覚がよくわからない。信頼できているのかどうかもよくわからない。そんな風に思うかもしれません。また、劣等感をしばしば感じ、セルフイメージが低いことは自覚しているものの、どうしてよいのかわからない、だから、自己信頼度を上げるためにはどうしたらよいのかわからない。ありのままの自分を受け入れるということがどういうことなのかわからない。そのように考えてしまうかもしれません。ならば、まずは、自分を信じるということを実践する前に、自分のことを信じられなくなってしまうメカニズムを知っておく必要があります。

「自己欺瞞」とは何か

たとえば、あるとき、あなたは職場で困っている同僚を見かけました。そこでサポートすべきだと感じたとします。あなたは同僚に対して何をしてあげたらよいか、どうするべきかをわかっていました。でも、それをしませんでした。つまり、最初に感じていた気持ちや考えに従わず、サポートしなかったのです。するとどうでしょう。今度は先ほどまでの状況と打って変わり、全く違った感情や思考が生まれ始めます。

「だって、あの人だって私を助けてくれたことがない…」

「そもそも、あいつは他人に頼り過ぎだ…」

「私だって忙しいのだから…」

こんな風に感じたり、考え出したりするのです。

でも、おかしいとは思いませんか？　なぜなら、はじめにサポートすべきだと感じた相手が、今は非難の的になっているのですから。このように、自分が最初に感じた気持ちや考えに従わない選択をすると、最初に見えていたはずの世界と違った世界が見え始めるのです。しかし、それは、「偽りの世界」です。そして、その世界を正当化するために、サポートしなくてもよかったのだと自分で自分を信じ込ませようとし、自分の正しさを証明してくれる証拠を必死に探し始めることになります。「自分は正しい！」と心から信じられた瞬間、真実は深い闇へと消え失せます。問題がどこにあるのかが見えなくなるのです。

自分に対して自分で嘘をつき、自らの良心や本心に反していることを心のどこかで感じていながらも自己正当化することを「自己欺瞞」といいます。つまり、「自己欺瞞」とは、自分に問題があることに気づいていない状態のことを指していいます。欺瞞とは、だます、あざむく、という意味ですから、自分を騙している状態です。

しかし、偽った世界ばかりを見ている嘘つきが、たとえばあなたの会社に大勢いたらどうなるのでしょうか？　お互いに信頼し合い、仲間を支えることなく、思いやりもチームワークもない、単なる人の集まりが出来上がることでしょう。それはもはやチームとは呼べません。

「自己欺瞞」の状態にある人が見ている世界の中では、周囲の人がまるで敵のように見え始めます。そして、その敵がさらに悪く見られるような証拠を集め始めるのです。なぜならば、自分の正しさを証明するためには、事実を捻じ曲げてでも他人を悪者にする必要があるからです。ですが、このような見方をしていたら、他人の良いところなど目につくはずがありません。他人のあらを探し、愚痴や不満を言い合うばかり。足を引っ張り合い、そして、罵り合う。こうして、職場においては、生産性が低くコストばかりが積み増しされる、恐ろしく成果の出ない組織が出来上がるのです。

「自己欺瞞」は、われわれの幸福度を押し下げる大きな悩みや厄介事、つまり、「問題」であり、日々の生活に与える影響は計り知れないものがあります。それは、人間関係におけるすべての「問題」の根本原因といっても過言ではなく、これが解決すれば、私たちの幸福度は大きく改善されることになるでしょう。「自己欺瞞」によって生み出される苦難や、障害を乗り越えることは、大変骨の折れることでありますが、だからこそ、われわれに与えられた大きな試練や課題であるともいえます。

この「自己欺瞞」を解決しようと、過去に多くの哲人や賢人たちが真理を探究し、道を開こうと努力を重ねてきました。しかし、長い人類の歴史の中で、戦争やテロ、夫婦喧嘩や子供の喧嘩に至るまで、われわれが、世界中で未だに多くの問題を引き起こし続けているということは、問題改善や関係修復を邪魔する、よほど高く大きな壁があるということの表れです。それは、人類にとって最大の課題ではないかと思えるほどで、対立や争いの影には、いつもこの「自己欺瞞」が影を潜めています。

「自己欺瞞」を避けられない理由

「自己欺瞞」の状態に陥ると、自己正当化や抵抗を繰り返し、問題の原因を見出すことができなくなります。そして、自分に問題があることに無自覚で、さらに無意識のうちに意図せず嘘をつくことになってしまうという悪循環に陥ってしまいます。嘘を正当化するために、さらに嘘を塗り重ねるということです。

「自己欺瞞」の本当の恐ろしさは、無自覚になってしまうところにあります。本人は気づいていないかもしれませんが、周囲はその嘘に気づいています。虚勢を張って威張っている人、やけに卑屈で自信がない人、体裁ばかりで周囲のことばかり気にしている人。わかっていないのは本人だけなのです。お伝えしているようにコミュニケーションは二方向。自分に嘘をつけば、他人に嘘をついていることと同じことになります。他人に嘘をつけば、当然ながら関係性はうまくいかなくなるでしょう。

人は、たとえ自分に非があろうとも、なかなかその事実を受け入れたくはないものです。もとより、知らなければよけいなことに心乱されることもありません。ですから、気づいていないふりをして、自分の罪をついつい他人の責任にして押しつけてしまう。自分には非がない、悪いのは私じゃない。そうやって自己正当化をするわけです。

つまり、「自己欺瞞」の状態にあることは、責任を放棄することや無責任さを正当化し、自分を守るための術にもなります。責任を放棄することや無責任さを正当化してくれる強い味方が「自己欺瞞」です。

自分で自分に嘘をつくことは、自分にとって大きなメリットであり、居心地のよい世界に留めてくれます。だから、ますます自分の状態を客観的に見られなくなり、自分の嘘に気づけなくなってしまうのです。これがなかなか「自己欺瞞」を回避できない理由です。だから、自己欺瞞は世の中に蔓延し続けるというわけです。

自分を信じられなくなる理由

ところで、あなたは「本当に」幸せになりたいと思っていますか？　あえて聞くまでもないことかと思います。誰だって幸せになりたいと思うのは当然のことでしょう。ところが、どうやら世の中には、自分は幸せになりたいとは思うけど、どうせ幸せにはなれない、成功できないと思っている人たちもたくさんいて、心のどこかでいつもこのように感じています。幸せになりたいけど、でも…だけど…だって…どうせ…。周囲の人たちは成功しているけど、自分は不幸で不自由な被害者、チャンスや環境にも恵まれず、道を切り開く能力すら神から与えられなかった弱い存在…。

しかし、このような考え方や態度は、自分では気づかないうちに、幸せになることを自ら放棄し、進んで不幸への道を歩んでいることと同じです。心のどこかでは今の状態がよくないことだと感じてはいるものの、今までと違った行動をとることや、違った考え方を受け入れるなど、一歩を踏み出す勇気や覚悟を生み出すことができません。

なので、「自分は行動しなくてもよかったのだ…」「できなくても仕方なかったのだ…」という言い訳をしては、自分を騙して慰め、そこに留まろうとするのです。そして、そこに留まった結果は、ご想像のとおりです。これが、「自己欺瞞」の副作用です。一時的に身を守ってはくれるものの、その裏側で問題は増え続けていきます。まるで中毒性のある違法ドラッグのようですね。

「どうせ私は幸せになれない…」

無意識的に心のどこかでそんな風に思っていれば、それを証明するために、私たちの優秀な脳は活動を始めます。正しさを証明するために、自動センサーが機能し、証拠探しが始まります。自ら進んで不安や苦悩の世界を選択していることとは知らずに。

人はみな誰もが幸せになりたいと思っています。それなのに不幸を選択している。しかもその根本的な原因となり、壁となる存在が自分自身なのです。私たちは、本当は知っています。自分が自分に嘘をついているということを。意識的に自覚できていませんが、無意識的にわかっているのです。だから、自分のことを信用できずに受け入れられなくなるのです。

「自己欺瞞」からの脱出方法

「自己欺瞞」という問題から脱出するためには、まずは、自分が抱えている問題に気づき、知ることとです。「自己欺瞞」は、責任を放棄することや無責任であることを正当化してくれます。しかし、無責任さに拍車がかかれば、問題も加速度的に増加します。ですから、そうならないようにするためには、言い訳せずに自分の責任を放棄しないことです。そして、自分を見つめ、一歩を踏み出す勇気を持つことです。

私たちは、「責任」の本当の意味を理解し、自分の「責任」を引き受けることができるようになると、自分の内側にも外側にも大きな変化が起こり始めます。ここで間違えてはいけないことは、自分で自分の責任をとる、つまり「自責」であることとは、決して、自己犠牲をはらったり、自己否定をして自分を責めることではなく、自分の人生は自分が決めているという自覚を持つということです。

自分の人生は自分が選択した結果なのだという自覚を持つことができると、目の前の世界が大きく変わり、道が開けます。つまり、自分は元来自分の人生を決められる自由な存在であり、他人に自分の人生をコントロールされて、多くを決められている不自由な存在ではないということに気がつくことができるのです。自分自身に起こっていることや自分の周囲の環境で何かを変えたいと思ったとき、自分に変えていく力があることを知っていれば、たとえ小さくとも行動が生まれます。

「自己欺瞞」がひどい人は、周囲からの信用がなく、孤立することになります。そして、待っているのは孤独です。人間関係の中でしか生きることができない私たちにとって、孤独は不幸に直結します。ですから、「自己欺瞞」という問題を解決し、そこから抜け出すと、真の幸せや成功がやって来ることになるでしょう。だからこそ、「自己欺瞞」を回避して信頼度を高め、信頼関係をベースとして強い組織を構築していくために、リーダーとして、まずは自分の内面を見つめ、「自己欺瞞」と向き合うことはとても重要なことなのです。

(3)「主役になる」

前項で「自己欺瞞」を取り上げ、自分に嘘をつかないことの重要性について、説明しました。自分を「信じる」その前に考えなくてはいけないことは、自分に「嘘をつかない」ということです。ということは、お気づきかと思いますが、実は、順番が入れ替わります。マインドセット（心の持ち方）を変える3ステップは、「任せて見守る」その前に、(1)「嘘をつかない」、(2)「信じる」というように順番が替わるのです。そして、3ステップ目が「主役になる」です。

リーダーに求められる資質で一番重要なことは、組織の変化や成長を促す存在であるかどうかということです。結局のところ、人生に変化を生み出すことができるのは、自分の具体的な行動だけです。組織の成長においても同様に、チームメンバーそれぞれの具体的な行動にかかっています。もし、変化や成長が起こらないとすれば、それは変化を起こすための行動が足りていないだけです。

では、行動できない理由があるとしたら、それは何でしょうか。人は得られるメリットよりも失うデメリットに強く反応してしまいます。失敗や失うことを恐れずに行動を生み出すためには「勇気」と「覚悟」が必要です。そして、この「勇気」と「覚悟」を後押しするものが、リーダーの「責任者意識」です。

私たちの人生は、自らが選択した結果の連続で形作られています。リーダーのリーダーシップやあり方は選択（決断）した結果です。しかも、影響するのは意識的な選択よりも無意識的な選択によるところが大きいのです。ですから、リーダー自身が自ら行っている無意識の選択に気づくことで組織は変わっていくことになります。

日々起こる目の前の出来事すべてを思いどおりにコントロールすることはできません。過去や他人は変わりません。起こった出来事について、どう考え、どう感じ、そしてどのような行動をとるかという自分の選択次第で未来が変わります。

組織運営は、リーダーが意識している、していないにかかわらず、常に選択の連続です。選択とは、一つの道を選んで他を捨てること、また捨てていることを自覚することです。自覚的に決断し、行動することで主体性が生まれます。主体者として、自分の選択に責任を持つことで、無限の自由とパワーを手に入れることができるようになります。そしてそこから生まれた行動によって自己欺瞞を回避し、自己信頼度が高まります。結果、第2章でお伝えしたように【他を頼らず、自分自身が頼れる存在であること】という自立の定義を満たしていくのです。

とかく、「責任」というと、罪悪感や義務感の中で「自分を責める」といったニュアンスがありますが、ここでいう「責任」とは、そういう意味ではありません。「責任を負う」、あるいは、「責任者意識を持つ」というのは、単に自分の身に起こったことは、すべて自分がつくり出したものであるという認識に立って、原因である自分の選択や行動と、それによってもたらされた結果との関係を、事実としてありのままに見るということです。

「自分が招いた結果なのだから、自分が悪い」といったように、自分に対してよけいな判断や評価をして自分を責めることは、責任者意識には必要ありません。元来「責任」という言葉自体には良い意味も悪い意味もなく、中立的な言葉です。

「自己信頼」と「責任者意識」は、常に相関関係にあります。自分の人生に対する責任を認めて受け入れることで、私たちは主体的になることができます。「自分のせいじゃない」「私は悪くない」「私に原因はない」と思っている間は、「自分の力で」現状を変えることはできず、他者や環境が変わってくれるのを待つしかなくなります。「他人まかせ」「運まかせ」「神まかせ」で、神仏や幸運や偶然を期待し、霊能者や占い師に依存するような生き方をしていれば、自立は遠のきます。

自分の力で現状を変えるためには、自分の身に起こる出来事は、すべて自分の内側とつながって存在していると信じることが大切なのです。つまり、自己の可能性や能力を信じることで責任者意識は高まります。そして、責任者意識で人生の変化や出来事に向き合うことができると、私たちは「成長」や「成功」という体験を通して、自分に対する自信や自己信頼感を高めることができるようになります。

シンプルにいえば、自分の人生の主役になるということです。自分の人生を受け入れ、当事者として自分が主体的に自分の意思で決めているという自覚を持つということが「自責」であるということです。反対に、他人事として、まるで自分の人生は他人がつくっているかのようにふるまう人が「他責」の人です。

自分自身に起こっていることや自分の周囲の環境で何かを変えたいと思ったとき、自分に変えていく力があることを知っていれば、行動が生まれます。責任者意識を持って目の前の現実に向き合い、自分の身に起こったことは、すべて自分が選択した結果であるということを受け入れることができると、潜在意識レベルで変化が起こります。避けようのない現実を受け入れて、できるだけの努力をしつつ、少しずつでも変化に慣れていけば大丈夫だと感じられることで、不自由さから解放されるようになります。だから、疲れなくなります。

「私たちは変わることができる」という信念を持ち、フォロワーの自己責任能力や当事者意識を促進させるようなかかわりができるリーダーこそが「自責型社員」、つまり「自立型社員」を育てることのできるリーダーになりえます。ですから、リーダー自身が本当の意味で「自責」の人ではなければ、組織は変わりません。失うことへの恐怖に打ち克ち、未来に対する不安や心配ばかりを助長して、行動する勇気と覚悟をくじくようなリーダーではまずいのです。

7 自分事にする　～嘘つきは泥棒の始まり～

その昔、嘘はいけないことだと親や先生に何度も説教されました。しかし、嘘をついたら、いったいい何を盗むことになるのでしょうか？　他人の金品を巻き上げるために他人を騙す詐欺行為はわかりますが、自分に嘘をつくと、何を自分で自分から奪うことになるのでしょうか。「自己欺瞞」の状態に陥ると、心の奥深いところで自分のことが信じられなくなります。嘘つきや泥棒を無条件に信じられるのは神様仏さまレベルの人です。

自分に起こっていることや自分の周囲に起こっていることを、自分に都合のよいように解釈し、偏ったフィルターを通して見てはいけないということです。ありのまま、そのままの現実を認めて受け入れることができると、自分に対して素直で正直でいられます。すると不思議と無意識は活性化し始め、自己信頼度が上がります。結果、責任者意識が生まれ、不自由から解放されて、被害者意識で他人に腹を立てたり、自分を責めたりする必要もなくなります。

「責任者意識」でいると、よりよい未来をつくることに意識を集中することができます。ですから、それを邪魔する「自己欺瞞」を組織内から排除することは大命題です。人間の成長は、自分や自分の周囲で起こっていることをいかに自分事としてとらえられるかどうかにかかっています。ですから、組織内で起こることを自分事としてとらえられるメンバーを育てることができるかが、組織開発において成功のカギとなります。

嘘をやめると「信頼」と「責任」が生まれます。自己信頼度が上がり、主体性が生まれます。すると、一歩を踏み出す「勇気」と現実を受け入れる「覚悟」が生まれます。嘘をつくということは、自分から何かを奪うということです。その何かとは、「信頼」や「責任」や「勇気」や「覚悟」です。これらは、リーダーにとってなくてはならないものです。自分に嘘をつけば、自分の人生の主役としての座が他人の手に渡るのも同然のこととなります。

「自己欺瞞」に陥れば、自分に問題があることに気づけなくなります。嘘をつけば、その嘘を隠す嘘をまたつくことになり、そうやって何度も嘘をつき続け、いずれ何が本当のことなのかわからなくなってしまいます。ですから、まずは自分が自分についている嘘に気づくことです。

たとえば、私は「優秀な人だ」「いつも完璧にこなせる人だ」「価値のある重要な存在だ」、逆に「私はダメな人だ」「もっとがんばらなくてはならない」などと、自分が抱いている嘘のセルフイメージに気づくことができたなら、リセットです。私たちはいつでもいつからでも振り出しに戻ることができます。自分に起こっていることのすべての源泉は自分です。だから、それに気づいて自分事にすれば、いつでも人は変わることができるのです。

8 一貫性の法則に則る

リーダー自身の考え方と言葉、そして、行動に一貫性がないと、矛盾の中で葛藤状態が起こってしまいます。先にお伝えしたように、解決不能なジレンマがもたらす状態を、心理学的にはダブルバインドと呼びます。このダブルバインドの状態が長く続くと、組織は病んでしまいます。つまり、リーダーが、「あなたたちに任せるから、自ら考えて行動してください」と言っておきながらも、フォロワーをコントロールしているという矛盾があれば、組織に自立はありません。組織病を回避するためには、一貫性を保ち、矛盾を回避することです。葛藤状態が諸悪の根源を生み出してしまいます。

リーダーの自己欺瞞がひどいと、一貫性を保つことができなくなります。当然ながら嘘つきの言動に一貫性などありません。つまり、言行一致はありません。そもそも言っていることとやっていることが違えば、信頼など生まれません。信頼関係は構築されるどころか、どんどん失われて、なくなっていきます。信頼関係のない組織に責任は生まれません。ですから、主体性がなく、行動も生まれないので、組織に成長や自立という変化はありません。

思っていることと、言っていることと、やっていることを合わせる。これができないリーダーは残念ながら信頼を失います。リーダーのあり方としてしばしば、言行一致の重要性が説かれますが、嘘をつかなければ自然と言行一致になります。

また、「知行合一《ちごうごういつ》」という言葉がありますが、これは、中国の王陽明が陽明学の中で唱えたもので、知識と行為は一体であり、本当の知は実践を伴わなければならないということを意味します。つまり、知ることと行動することは、同時に存在し、コインの裏と表のような関係であるということです。知りたければ行動しなくてはいけませんし、行動しなければ、知ることができません。ですから、知っていて行動しないのならば、本当は知らないことと同じであるというわけです。責任を果たす生き方をすると、知行合一は自然と実践されることになります。ちなみに実践者として歴史に名を遺す吉田松陰の座右の銘でもあったようですね。責任者意識で生きているリーダーは、常に実践者であり、行動主義者です。

行動しなくてはいけない。やらねばならない。そのようにいつも急かされるように感じてしまっているのなら、心理的なプレッシャーも大きく、心身ともに疲れてしまうでしょう。であるならば、「疲れないリーダー」にはなれません。

つまり、「疲れないリーダー」を突き動かす行動の源泉となるものは、義務感や強制力ではありません。英語でいうならば、「have to」や「must」ではなく、希望や熱意、「want to」や「hope to」です。リーダーが嘘をつかずに一貫性を持った言動をしていくと組織に自立がもたらされます。

9 「want to be」「want to do」のあり方

欧米では、墓石に墓碑銘を刻む習慣があります。故人の経歴や業績、また、感謝や哀悼の意を込めて、生前どんな人だったかというようなことが刻まれます。さて、もしもあなたが亡くなったとしたら、自分の墓石に何と刻まれたいと思いますか？

随分前の話になりますが、私は何かのテレビ番組で、この墓碑銘の話を知り、今の生き方のままで自分の命がついえたとき、はたしてどれだけの人が悲しんでくれるのだろうか、そしてどんな墓碑銘を刻んでもらえるのだろうかと、唸ってしまったことがあります。死は結果、生き方はプロセス。やったことが結果として表れます。死は人生のゴールを意味します。どこにたどり着くかを考えることは、そこへたどり着くための道のりを考えることです。つまり、どのように生きるのかということを考えることです。

「have to」や「must」で生きることは、常に何かに駆られるように生きるということです。「ねばならない」「すべきである」と、ある種の強制力や義務感の中にいれば、不自由な被害者の人生を送ることになりかねません。ひどいときには強迫観念に追われるようになり、やり残しがあれば、自分を責めたり、後悔してしまったりを繰り返します。

私は、やり残したことばかりを憂い、辛く疲弊した人生のまま死にたくないと強く思いました。誰かのお役にも立たず、必要とされない人生も嫌だと思いました。自分の人生なのに他人の人生を生きるようなことはしたくない。ならば、どのように生きたいのか、どうありたいのか。そのように考えたのです。

人間は人間関係の中でしか生きることができません。つまり、一人では生きられません。ですから、本来孤独にはなれないのです。孤独とは感じるものであり、選択することです。満員電車や人通りの多い街頭で、あるいは家庭や会社や学校、地域のコミュニティーなど、人の集まりやつながりの中にこそ、孤独や孤立は存在します。

社長は孤独だということをしばしば耳にしますが、私はそうは思いません。孤独は選択です。何でもかんでも自分で決めなくてはいけない、誰も助けてくれない、と思うのは、社員に決めさせていないし、助けを求めていないという現実があるだけです。

信じて任せ、なるべく自分にも他人にも嘘をつかずに素直で誠実でいる。そして、自分の人生を責任を持って主役として謳歌して生きる。「want to be」「want to do」。どうありたいのか。どうしたいのか。関係性の中での役割、つまり、誰にどんなかたちでお役に立つのかということを考える。それらが明確になると、私たちはその中で、きっとよりよく生きられるのだと思います。さて、あなたはどんなリーダーでいたいと思いますか？

10 孤独から抜け出す

今のことではなく、過去や未来のことばかりにとらわれるようになってしまうと、あのときに、ああすればよかった、これからいったいどうしたらよいのだろうと、ネガティブな感情で心は埋め尽くされてしまうようになります。取り戻せない過去の思いに後悔を続け、まだ見ぬ未来に対して、不安や心配や恐怖を感じ、猜疑心を抱くようになります。すると、心の中は、疑念や不信でいっぱいになり、被害者意識の塊となって悲劇を演じ始めます。敵役を見つけては、悲劇のヒーローやヒロインを演じるのです。

「悪いあなた」

「かわいそうな私」

どうして？　なんで？　自分がいったい何をしたっていうわけ？　まったくもってついてない。運がない！　何で自分だけがこんな目に…と納得できないことばかり。他者を悪者に仕立て上げて自分の正しさをアピールし、問題の原因が常に自分の外側に存在するものだと主張する。

しかし、自分の内側にある問題の存在を認めないと解決策が見えなくなります。なぜならば、問題解決手段をも自分のコントロールできない外側の領域に追いやってしまうことになるからです。コントロールするべきものが、自分の範疇を越えていると思えば、自分に環境を変えていく力があることを忘れてしまいます。どうせ誰もわかってくれないし、助けてもくれない、傷つけられた、悲しい思いをさせられたと言っては孤独の中に身を置くのです。孤独は人を強くもしますが、乗っ取られれば、依存が進みます。孤独依存症です。

「幽霊の正体見たり枯れ尾花」

ススキや柳の影を幽霊と思い、勝手に怖がっていてはいけません。思考や感情をコントロールしているのは、他ならぬ自分です。ですから、他人に自分の気持ちを決めさせないことです。他人にコントロールされて生きるということは、責任を放棄することと同じです。主体者として生きるならば、「今」を生きている自分に責任を持つことです。「私は傷ついた」「私は悲しく感じた」、そうやって感じるあなたが「今」ここにいることを大きな声で叫べばよいのです。自分に環境を変えていく力があることを思い出しましょう。

無自覚な孤独感。負の連鎖をつくり出す根っこにあるのは、この「孤独」という病です。この病は、知らず知らずのうちに人格や組織を壊滅的な状況に追い込んでいきます。コミュニケーションがとれない社員、独りよがりでワンマンな社員、無責任でやる気のない社員。「孤独」に取り憑かれた社員たち。

この病に取り憑かれるとやっかいです。実際のところ、社内の至るところに自分と同じように働く人がいます。ですから、客観的に自分が「孤独」であることを自覚できないのです。しかし、心の奥底、つまり、無意識の中では「孤独」をしっかりと感じてしまっています。

関係性の中で生じる「孤独」。無人島に一人でいるわけでもないのに、集団の中にいることによって逆に「孤独」がエスカレートしてしまう。周りの人は、自分のことなんて考えてもくれない。どうせ傷つくのに、何でわざわざ人とかかわらなくてはいけないのか。そのように思い、他人と接触する機会は奪われていきます。この無自覚の「孤独」が精神を蝕み始めます。「孤独」は前触れなく突然やってきます。そして、いつの間にか人の心を支配し、そして宿るのです。

「孤独」は、認知機能を歪めます。いわば、同じチャンネルしか映らない壊れたテレビを見続けているのと同じ感覚です。しかもそこに映し出されるのは、外の世界がいかに不親切で、不人情で、怖いところなのかという情報ばかりです。しかし、そのような偏った情報しか得ることができずに、ネガティブな情報しか受信ができないと、いつしか物事をよりよい方向へと導いていく力を失ってしまいます。つながりや関係性を断ち切り、黙って一人で考え込んで、反省や反芻ばかりを繰り返し、感情的にふさぎこんでしまうことで心は蝕まれていきます。

ですから、考え過ぎはよくありません。「孤独」の中で何を考えていても、よりよい結果はまず生まれないでしょう。他人に対しても自分に対しても、ネガティブで否定的な考えがグルグルと回り、さらに孤独感は強化されてしまいます。たとえるならば、何回も同じシーンをリプレイし続けている壊れたビデオデッキと同じです。壊れたテレビと壊れたビデオデッキで、ネガティブな映像ばかりを繰り返し再生するのです。

孤独であることを回避するために必要なことは、やはり、自覚することです。自分は孤独ではないということを自覚するのです。つながりを感じ、孤独から脱出するために非常に効果があることが「感謝」です。人間は一人では生きられませんから、必ず誰かのお世話になっています。誰かの助けやサポートがなければ生きられません。ですから、そのつながりに気づくことで感謝の気持ちを感じることができます。

家庭や職場、近くにいる人ほどお世話になっているはずなのに、なぜ感謝することができずに、逆に孤独を感じるようになってしまうのでしょうか。それは近すぎて、あたりまえになってしまうからです。「ありがとう」の反対は「あたりまえ」。ですから、一つでも多くのことに「あたりまえ」ではないという気づきを得ることができると、孤独から抜け出すことができるようになります。

リーダーこそが率先して仲間に感謝することができるようになると、組織内に善循環が回り始めます。

第4章のキモ

疲れない技術とは、自分の人生を自分でコントロールし、主役で生きるための技術

疲れない技術　その1

やみくもにがんばるだけでは変わらないということを自覚する。

疲れない技術　その2

何かを変えたければ、変わらないことで今得ている利得や恩恵を手放す。

疲れない技術　その3

組織を自立させるために、まずはリーダー自身が自立し、他人へのコントロールを手放す。

疲れない技術　その4

コントロールできるセルフイメージからチェックすることで、他者との関係を円滑にする。

疲れない技術　その5

自分自身の状態を客観的に見て、問題に気づけるマインドやあり方を常に考える。

疲れない技術　その6

(1)　嘘をつかない

自分自身に嘘をつかずに、自己の内面で起こっていることに自覚的になる。

(2) 信じる

自分を人として見て自己信頼感を高め、偏見や盲目的な思い込みを手放す。

(3) 主役になる

無意識の選択に気づき、責任者意識を持って目の前の現実に向き合う。

疲れない技術 その7

自分に起こっていることすべての源泉は自分にあることに気づき、自分事としてとらえる。

疲れない技術 その8

組織病を回避し自立を促すために、思考、言葉、行動に一貫性を持つ。

疲れない技術 その9

つながりや関係性の中で、誰にどんなかたちでお役に立つのかというあり方を考える。

疲れない技術 その10

つながりを感じ、率先して仲間に感謝して孤独を回避する。

第5章

疲れないチームづくり

❶「何もしない」リーダーは目的重視でビジョン型

ここまで、リーダーのあり方について随分と紙面を割いて述べてきました。あり方の上に成り立つのがやり方です。その関係性は基礎（土台）と建物の関係に似ています。土台が脆弱であれば建物も脆く崩れてしまいます。つまり、あり方を整えて土台の強度を増すことが先決です。土台がしっかりしていれば、その上に構築されたものはよりよく機能します。そして、その土台となるあり方を示したものが経営理念です。経営理念とは、会社の存在意義や経営目的を表した思想や哲学です。

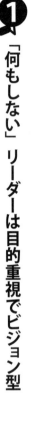

理念の中には、なぜそのビジネスをしているのかという理由や目的などが示されている必要があります。つまり、理念は「何のため」「誰のため」がベースになります。企業は、目的に応じた目標を見出し、それらを達成するために日々活動し、組織運営を行います。そして、そのプロセスの中で「一体感」や「一貫性」を育みながら成長していきます。ですから、経営理念とは、企業の思想や哲学の源泉となり、組織に「一体感」や「一貫性」をもたらす原動力になるものです。経営理念は、「経営」に対する考え方や価値観を表したものですが、そもそものベースとなるのは経営者自身の思想や哲学、つまり、あり方です。

実は、私は、経営者になってすぐに壁にぶち当たりました。「経営者とは何者か」ということがわからなくなったのです。ですから、自分が為すべきことに悩み始め、経営に関するさまざまなことを手当たり次第に学び始めました。そうした中で、あるとき「理念経営」について学ぶ機会を得ました。ですが、正直なところ「理念」について学んだものの、はじめはイマイチ、ピンとは来ませんでした。

わが社は、私が取締役になった頃、まもなく創業60周年を迎えようとしている企業でしたが、しかしながら、その歴史とは裏腹に、社是や社訓はもとより、創業理念や企業理念など、文字に起こされた共通言語など何も持たないありさまでした。それでも一定の利益は出し続けていましたので、はっきりいってしまえば、その頃は「理念」などいらないとさえ思っていました。結局は「利益」こそがすべてで、効率的かつ効果的な活動こそが大事なことだと考えていたのです。ですから、理念をつくり、整備することで利益が上がるという話を聞いたとき、そんなことぐらいで、本当に成果につながるものなのかと頭の中はクエスチョンマークで一杯になり、むしろ否定的でした。

はたして、こんなものをお経のようにブックサ唱えていて利益が出るのだろうか、そもそも、あちこちで理念らしきものを見てきたが、社員たちの様子を見てもまったく機能しているとは思えないし、だいたいよその会社でうまく機能していないのに、うちの会社でうまくいくのだろうか、いや、はなはだ疑問である…というような考えが頭の中をグルグルと回ります。

それにもかかわらず、理念をつくってしまいました。私が勝手に会社の経営理念をつくった頃の肩書は取締役部長。社長でもないのに独断で理念をつくってしまい、それが浸透しないからといじけて理念経営に対して疑念を抱いていたわけです。

ところが、ある時期から不思議と経営理念に対する考え方が大きく変わってしまいました。企業経営にとって、絶対になくてはならぬものだという強い気持ちが芽生え始めたのです。すると、不思議と社内の雰囲気、つまり社風が大きく変わり始めました。そして、その変化を見て、私の気持ちはさらに確信へと変わりました。結果、理念とは、「社風をつくる源泉である」という結論に至りました。この社風こそが利益を生み出していくのだと腹落ちして理解したのです。

なぜ、私は経営理念に対する考え方が変わったのでしょうか。それは私自身が自分のあり方について考え方を新たにしたからです。つまり、それまでは、他人をコントロールするやり方ベースの経営スタイルばかりを模索していました。思いやりを持ちましょう、他人を気遣いましょうなどと口では言いながらも、私自身が一貫性に欠ける言動をあちこちでしていたのです。ならば、他人に伝わるわけもありません。相手は私の物の考え方や心の持ち方をしっかり受け取っていたのですから。言っていることとやっていることが異なれば、私に対する信頼など生まれるはずもなく、理念が浸透することはありません。

経営理念は、会社の「あり方」を決める重要な指針となります。旅行でいうならば、目的地を決めるようなものです。当てのない旅もそれはそれで悪くはないのかもしれませんが、企業経営においては、リスクの高い振る舞いとなってしまいます。

理念を基準として、組織内のメンバーそれぞれの判断基準が決まります。会社の「あり方」を実現させるための行動、つまり、「やり方」が生まれてくるのです。私が自身のあり方に向き合い、理念に対して考えを改め、深めることで、結果、組織が指示やコントロールによる押しつけや強制力から解放され、自発的に考え行動する社員が育っていきました。理念が浸透することで「自立型社員」の育成につながったのです。社員の自立が進み、組織力が上がった結果、利益を生み出す原動力となりました。働く目的が、お金や生活のためだけではなくなり、「なんとなく働く人」が減り、イキイキと働く社員が増えることで、社長の仕事がどんどん減りました。

そして、さらに環境を整えていくことで、結果的に何もしなくてよくなってしまいました。すると、実務的に目先の仕事に追われていた状況はまったくなくなり、その代わりとして、自由な時間が生まれました。その時間を意図的によりよい未来を考えることや、新たな世界を生み出すための時間として活用し始めたのです。

2 「何もしない」リーダーの仕事

「何もしない」リーダーになった私には、自由な時間が生まれました。その時間を有意義に活用することによって、多くのご縁やつながりを得ることができました。そして、自分を振り返り、あり方を見つめる時間を設けることができました。すると、ビジネスが自然と広がり始めたのです。

私が会社を引き継いだ当時は鋼材販売事業だけでしたが、急速に広がりを見せ、福祉事業や飲食事業などをはじめとして、まったくの異業種にも参画し、今では10事業にまで拡大しています。売上や従業員数も、ともに約4倍になっています。まだまだ発展途上で今後どうなってしまうのか、正直なところ私にも予測できていません。これは、私自身が増やすつもりでがんばっているのではなく、勝手に増えてしまっているというのが実情です。なぜならば、ほとんど何もしていないからです。いろんな計画が進んでいるので、今後数年でさらにさまざまな変化が起こるでしょう。私自身はそれを楽しんでいます。

ビジョンを考えて示すことが大事だというようなことを言っておきながら、無計画だなと矛盾を感じるかもしれません。もちろん、ビジョンは示していますが、方向性はざっくりです。端的にいえば、天国へ行くのか地獄へ行くのか、どっちがよいのかということを示すようなものです。逆説的なことを言うようですが、とどのつまり理念とはそういうものです。世の中のどんな理念であっても、シンプルに削ぎ落として突き詰めれば、誰にどんなかたちでお役に立つかということだけです。みんなで天国に行きたければ、どんなあり方でいることが必要なのか、それを考えられるように環境を整える一助になるものが理念です。しょせん、結果のコントロールはできません。コントロールできるのは日々の行動です。

自らのあり方を考え、会社のあり方を考え、そして、信じて任せて何もしないというマネジメントを選択すると、社員が自由を手に入れて自立した行動を始めます。その結果、社長が何もしなくてよくなるわけです。「あり方」をコントロールするのではなく、道を示すだけです。リーダーがいちいち手取り足取り「やり方」を示す必要はありません。現場レベルで必要に応じた行動に任せれば、クイックレスポンスによって、効率が上がり、善循環が起こります。これこそが「何もしないマネジメント」の本質です。

リーダーがリーダーとしてあるために、自分のあり方を示すことが理念の意義だと思います。リーダーが「何もしない」ことで、自身をはじめとして組織内すべてのチームメンバーの自立が進みます。組織内に秩序が生まれ、一体感を生み出すことができるのです。そのためには、リーダーがマニュアルを超えるビジョンを示すことです。あり方を示すビジョン形成と実践こそが、リーダーの究極の仕事です。

③ 動機づける

リーダーがマニュアルを超えるビジョンを示すことができれば、細かなやり方の指示は必要なくなります。

リーダーが鶴になると、上意下達でトップダウン型の組織になります。つまり、「鶴の一声」は、上から一方通行での意思伝達形態になります。したがって、下意上達ではなくなるために、一人ひとりの意見が吸い上げられることはなくなります。その結果として、社員同士がお互いにコミュニケーションをとることも、議論して何かを行動することもなくなってしまいます。つまり、自立への道は遠のきます。

「雀の千声鶴の一声」。つまらない者があれこれ言うより、優れた人の一言が勝っているという意味になるのですが、どうやら、自分は優れた鶴さんなのだと勘違いしているリーダーさんが多いから、鶴の一声が増えてしまうのでしょうか？

「上下一心《しょうかいっしん》」。身分が上の者も下の者も心を一つにすること、また、立場や役割の違う人たちが同じ志の元に力を合わせることを意味します。理想ですね。鶴さんの立場でいたい気持ちはわかりますが、リーダーが志を示すことなくただの鶴になれば組織の一体感が損なわれる恐れがあることは否めません。雀のように扱われた社員たちは、自らで物事を決めなくなり、ただ与えられるままに「作業」をこなす毎日をやり過ごすだけになってしまいます。そのような状況下でモチベーションは上がるでしょうか？　やる気やエネルギーにあふれた職場になるのでしょうか？

小学生の頃に親に買ってもらった『恐怖スリラー大百科』というお気に入りの本がありました。あの世の話から現実的な話まで、背筋が寒くなるようなエピソードが満載の本でした。その本を何度も繰り返し読んでは、都度、背中にゾゾ気を感じてビビッていたことを思い出します。幽霊や妖怪の話が大半で、記憶がイマイチ曖昧なのですが、その中に確か、「世界の拷問」というコーナーがありました。いくつかの拷問のやり方がそこに書いてあり、その中でも一つだけ印象的だったので今でも覚えている拷問方法があります。

その拷問は、ソ連が行っていたとされるもので、一見、派手さはなく、地味な労働を強いるだけの拷問です。痛いとか熱いとかはありません。まずはじめに、人が入れるほどの穴を掘らせ、掘れたら、今度はその穴を埋めさせる。たったこれだけの単純労働です。ただし、それが拷問に屈服するまで半永久的に続きます。なぜ、穴を掘るのか、どうして掘った穴を埋めさせるのか、疑問に思って尋ねても、教えてはくれません。その結果、精神が疲弊し、やがて異常をきたす人も少なくなかったようです。

あとでたまたま知ったことですが、実は、ナチスや中国の強制収容所でも、監視員に対しての反抗や脱獄などの行為を制御する効果を狙う目的で行われていたようです。つまり、人のやる気やエネルギーを奪う目的であったということです。

人間は、目的なく、意味や価値を見出せないような労働をさせられると疲弊し、やがて力を失ってしまいます。精神的、肉体的に疲労が加速し、やがて思考が止まります。ぐったりして何も考えられなくなってしまうのです。翻って考えてみれば、われわれが働く環境でこんな状態が起こってしまっていたらと考えるとゾッとします。

ところが、意図せず、知らぬ間にやる気を奪うような職場環境をつくってしまっているリーダーは、残念ながらあちこちにいます。お金という目的だけで、意義を見出せない労働は拷問に等しいのかもしれません。疲労感と思考停止状態の中で、何も考えられずに同じ作業だけを繰り返す、おとなしく、従順な社員たち。

たとえば、「どんな穴をどのように掘るのか」というように、姿や手段を示したらどうでしょう？　モチベーションは上がるでしょうか。疲弊した状況は変わるでしょうか。何もないよりはまだマシですが、仕事に置き換えてみれば、目標数値を与えられて鞭で叩かれているような状況と同じです。ですから、状況はあまり変わらないでしょう。目標を達成してもまた次の目標が与えられるだけです。それよりも大事なことは、「何のために穴を掘るのか」という目的や理由です。そして、その労働が「誰のために必要なことなのか」ということです。

経営学の巨人ピーター・ドラッカーさんはこうおっしゃっています。「仕事のやり方を変えるのではなく、仕事に意味を与えることが重要である」と。意味や意義のない仕事は辛くつまらないものです。自分のやっていることで、お客様や仲間に必要とされていること、誰かのお役に立っていると感じられることは大きな励みになります。

多くの会社では、お客様への新規訪問や就職説明会などを通して、自社のビジネスについて「どんな仕事をしているか」ということから説明を始めます。そして、さらにそのビジネスを「どうやって行っているか」と手段や手法の説明を続けます。しかし、最も重要な「何のために行っているのか」「誰のために行っているのか」という目的や意義を伝えないのです。

行動や目標の前には、目的や理由が必要です。つまり、動機です。ドラッカーさんはこうもおっしゃっています。「人々を動機づける能力がなくては、経営者とは言えない」と。自分たちの仕事によりよい意味や価値があり、必要とされていると感じられることで、仕事の成果は何倍にも向上します。ですから、社長の鶴の一声で数字だけの目標を与えてもうまく機能しないことを理解しておくことが必要です。目的を明確にし、動機づけをしていくことはリーダーの大事な仕事です。

４ 「長い箸」の天国チーム

組織づくりや環境づくりを考えたとき、とどのつまり、極論すれば天国にするか地獄にするかの二択しかありません。幸せを選択するのか不幸せを選択するのか、ゴキゲンな会社をつくるのかフキゲンな会社にしてしまうのか、そのどちらかです。

天国と地獄といえば、よく見聞きする話で、「長い箸」や「長いスプーン」を用いたたとえ話があります。

【天国も地獄も実は過ごす環境は同じで、どちらにも十分な食べ物が用意されていました。ひとつのテーブルをみんなでぐるりと囲んで食事をするのですが、天国の人たちにも、地獄の人たちにも用意されているのは、どちらも自分の身長以上もあるような長い箸で、それを使って食事しなくてはいけません。地獄の人たちは、必死にわれ先にと自分の口に食べ物を運ぼうとするばかりで食べることができません。そのせいで、常に飢えに苦しみ、争いも絶えないありさまです。一方の天国の人たちは、その長い箸を自分のためではなく、テーブルを挟んで向かいにいる人のために使い、たくさんおいしいものを食べ合い、誰もが満たされていました。結果、飢えも争いもない、幸せな世界を過ごしていました】というような話です。箸やスプーン、似たような話や教えはどうやら世界中にあるようです。

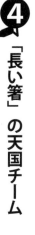

結論、幸せな経営、幸せなチーム運営をするには、この話の天国のような環境や考え方を育むしかありません。断言しますが、これしかありません。つまり、フォーカスを当てるのは自分ではなく、他人です。自分がかかわる周囲の人のために働くという働き方です。目的が自分の成功や幸せのためだけになれば、必ず組織は崩壊し、よりよい成果は得られません。お客様にしろ、仲間にしろ、他者のニーズや目的を考え、自分だけの目的ではなく、他人の目的に焦点を合わせるということです。リーダーの仕事はそのための環境づくりです。

ほとんどの企業には目標があるかと思います。多くは数値的なものになりますが、その目標に合わせて、多くの人ががんばることを誓って雇用契約を結びます。採用面接でそれなりにやる気を示さなければ、よほどの人材難でない限り、普通は雇い入れてくれないでしょう。つまり、自分がよりよい結果を出すことは当然約束しているわけですが、自分と同じように採用されている仲間の存在にはほとんど気が及んでいません。

全体の成果はそれぞれのチームメンバーの成果の総和ですから、仲間の成果がよりよくなるほど自分が働く環境はよくなっていくことになります。ですから、仲間が結果を出すように手助けすることも、当然ながら自分の仕事なのです。いや、むしろそれこそが仕事です。組織内には、さまざまな仕事や役割がありますが、立場や役割を超えたチームワークを生み出し、いかに協働意識を高めていくことができるかどうかが組織の成功や幸せ実現への第一歩です。

「長い箸」の天国チームをつくるということは、目的意識を自分の成功から他人の成功へとシフトさせていくということです。仕事をするうえで、自分たちのパフォーマンスが、周囲に対してどのような影響を与えているのか、誰にどんなかたちでお役に立っているのか、そして、そもそも、それは自分のためにしていることなのか、他人のためにしていることなのか、他人のためだと言いながらも自分のためになっていないのか、というように自分たちの仕事をお互いに常に評価し続けることが大事なことです。ですから、そのような意識づけと、メンバー同士のヘルプやアシストを促すことがリーダーに求められることです。

天国チームになるということは、お互いが与え合う習慣をつくるということです。自分本位で自分ばかりがクレクレギブギブ状態では、地獄になってしまいます。そこは疑心や恐怖心に満ち、戦いや奪い合いが横行する世界です。地獄には安心も安全もありません。

危険な環境では、自分を守るための防衛本能が常に働きます。他者からの攻撃や非難を受けないように過剰反応や過剰防衛をし合い、ネガティブでフキゲンな空気に埋め尽くされてしまいます。「自分はよくやっている」「きちんと評価されていない」などと被害者になり、自己保身や自己正当化ばかりを繰り返すようになります。また、失敗を恐れてチャレンジもせず、変化を拒んで思考が停止します。頭を働かせるのは、問題が起こったときだけ。普段は、できる限り放置して、意図的に隠すときにだけ知恵を絞る。

自己保身に走るような組織では、他人のことを考えられるような風土は生まれず、いつまで経っても地獄から脱出できません。その悪循環を断ち切り、逆向きの善循環に変えるのが、リーダーの役割です。

リーダーのすべきことは、組織のメンバーが自分以外の人の状況に目を向ける機会やチャンスを設けることです。どんな問題や悩みを抱えているのか、相手の目的や望みは何か、他者を知る場を設け、コミュニケーションをとれるよう促すことです。また同時に、なるべく自己正当化をさせず、問題やミスをきちんと報告できるような不安のない風土づくりをしなければなりません。なぜならば、自分のことだけではなく、仲間にどんな影響を与えたのかという結果にも責任を持てる人材を育てていくことがミッションだからです。

安心安全な場をつくるためには、まずリーダーが自らのあり方を考えて、矛盾した言動をとらず、強制やコントロール、禁止や抑制ばかりせず、評価判断せずに他者を受け入れて許容することです。あれはダメだ、これはダメだと過干渉になれば、信頼関係は生まれません。任せられてこそ人は育ちます。リーダーが自身のあり方を考え、セルフマネジメントをすることができるようになると、組織に安心安全が生まれます。

5 学ぶチーム

「コーチ・カーター」というアメリカの映画をご存じでしょうか。カリフォルニアの高校に実在したバスケットコーチの実話に基づいたドラマです。

舞台になるリッチモンドは治安が悪い街で、進学率が非常に悪く、バスケットチームの成績もひどいものでした。どんなに才能豊かな選手でも、半数は高校を卒業すると刑務所行きの悲惨な人生を送るという過酷な現実がありました。そこで、新任コーチとしてやって来たカーターさんがまず重視したのは、バスケットボールの技術ではなく、学業でした。実際に成績が悪いときには練習も試合もさせないという徹底した態度です。

学業を優先させたのは、ひどい現実を変えて生徒一人ひとりが輝ける未来を送れるようにというコーチの意図がありました。はじめはボールに触れることもできず、基礎体力づくりのためのトレーニングばかりをさせられ、反発して辞めてしまう生徒もいました。バスケットボールで成果を出すことが目的なのに、勉強ばかりさせられて、困惑する生徒もいました。しかし、コーチの意志は揺るぎませんでした。

映画の中のカーターさんは、非常にスパルタで熱血タイプではありますが、リーダーのあり方としては、プロセスに違いがあっても、本質を突き詰めれば同じだと思います。炎がメラメラと真っ赤に燃え上がるようなタイプの人もいれば、青白く地味に燃え続けるタイプの人もいます。大事なことは熱意や本気度です。その熱の高さ次第で、相手に伝わる影響が変わります。

さて、映画の中で生徒たちは、何のために勉強しなくてはいけないのかというコーチが意図するところを自分たちで自覚することができたときにはじめて自らが学び始めました。自分たちが輝くことこそが自分たちの目指す目的なのだと気づくことで、大きな力を得ることができました。私たちは、自ら輝いて生きることが人生で果たすべき責任であると自覚して「主役で生きる」ことを選択した瞬間に力強く前進することができます。

目標は、通過点に過ぎません。バスケットボールでよい成果を残すことも、試合に勝つことも、そして、大学へ行くことも、最終的に人生を彩るための通過点です。目標は目的のために必要なものです。輝ける人生をかたちづくる際に大きな後押しをしてくれます。ですから、目標は与えられるものではなく、自らが考え決めることです。経営者が経営的な数字を設定し、押しつけてやらせることは、経営の実情を鑑みると仕方のないことかもしれませんが、せめて本質的なことではないことだけは理解しておきたいところです。結局それをしている限り、いつまで経っても社員たち一人ひとりが輝けるような環境にはならないからです。

そのような理由から、私は社員それぞれのプライベートで掲げる目標に関しても大事にしています。マラソン大会に出るとか、毎日散歩するとか、ダイエットするとか、もっと会社の仲間たちと仲良くなるとか。何でもよいので、目の前の仕事だけではない何かを見てもらえるように促します。努力することや、継続することや、一生懸命に取り組むことは、どんなことからでも学べます。そこで得たことを仕事に活かすことができればよいのだと思います。

仕事から学ぶことはたくさんあります。職場は学び舎です。社員たちがそこに気づくことができると自発的に学びが始まります。自分のために学び、成長して、よりよい人生を送りたいと思うようになるのです。

私が社員に勧めるのは、仕事に活かせる技術的な学びよりも、人として深みを増すような本質的な学びです。もちろん商品知識やサービスの提供の仕方や売り方など、学ぶことはたくさんありますが、それよりも先に学ぶべき大事なことがあります。

実際に、私は鋼材販売事業の社員にいつも言っているのが、「鉄ではなくあなた」を売ってきてくださいとお願いしています。もちろん変な意味ではありませんのであしからず。私は、誰かから何かを購入する際、どうせならば、やはり魅力的な人から買いたいと思います。いや、どんな状況においても魅力的に輝いている人から影響を受けますし、一緒にいたいと思いますし、その人から学びたいとも思います。

人が幸せになる方法はたくさんあるかと思いますが、私の師匠が本質的な3つの条件を教えてくれました。幸せの3条件とでも言いましょうか。その3つとは、「自分の好きなことができること」「経済的に満たされること」そして、「誰かのお役に立てること」です。私たちが幸せを感じるときには、大抵これらのうちのどれかの条件を満たしています。

この3つの条件を「誰かのお役に立てることを好きなことにすると、経済的に満たされる」と組み合わせてみるとどうでしょう。まさに仕事の本質ですね。つまり、「働く」ということは、すべての幸せの条件を満たすことができるということになります。

ところが、現実には、なぜか不幸せそうに働く人が多いのはなぜでしょうか。それは「誰かのお役に立てること」の喜びにフォーカスせず、大事にしていないからです。「自分の好きなことができること」「経済的に満たされること」は大事なことですが、そればかりを優先するとどうしても不幸せがやってきます。つまり、幸せになるためには、順番があるのです。「誰かのお役に立てること」を幸せにできる人には、やがて経済的な幸せも、自分の好きなことができる幸せも訪れます。

学ぶことは基礎体力をつけることと同じです。幸せに過ごすことができる「長い箸」の天国の世界をつくるためにお互いが学び合い、高め合うことができる姿は理想的です。

⑥ 成果を最大化する方法

コンサルティングのクライアント先で研修を行ったときのことです。「どうしたらCSを向上させられるのか」ということを一緒に考えました。CSとは言わずと知れた、Customer Satisfaction（顧客満足）のことです。お客様の満足度を向上させるために、どんな価値をどのように提供していくのかを考え、それを実現させるために具体的な行動や計画を日々考えることがビジネスにおいては不可欠なことです。

そして、それに対してES、つまり、Employee Satisfaction（従業員満足）を高めることも、企業の成果を向上させるために非常に重要なことです。そして、この2つの話になると、必ずといってよいほど始まるのが、「CS向上が先か、ES向上が先か」という議論です。

基本的に、利益はお客様に提供する商品やサービスの価値を認められた証です。そして、会社はその利益によって成り立ちますから、当然、社員の報酬や待遇もそれによって決まります。ならば、やはりCSが先じゃないかという話になりやすいですよね。ところが、人は「衣食足りて礼節を知る」ので、生活に余裕ができてはじめて、礼儀やマナーをわきまえられるようになります。つまり、自分が食べられずにひもじい思いをしていては、他人に施しを与えることなど、なかなかできるものではありませんから、ESが先だという意見も出るわけです。

商品やサービスを提供するのは社員なのだから、その社員が満足して働ける環境じゃなければ、お客さんを喜ばすことなんてできないじゃないかというわけです。

ところが、こういう議論が為されている間は、結局、CSもESも向上することなく、目先の仕事に翻弄されるばかりとなります。グルグルと同じ議論の繰り返しで何も進展しません。ならば、CSとES、改善すべく施策を打っていくのは、どちらが先なのでしょうか。

結論的には、どちらも同時にというのが私なりの回答です。なぜならばお互いはコインの裏表のようなものだからです。しかしながら、CSもESも間違ったところから発信されると、同時には存在できなくなります。つまり、裏表ではなく、並行して存在するものになってしまうのです。ですから、どちらが先かの議論になってしまうわけです。

とかくESというと、いわゆる「権利」の主張になりやすく、給料が少ない、残業が多い、休みがない、待遇が悪い、事務所が狭いなど、こんな調子で愚痴や不満の対象になってしまいます。しかし、こういう話になれば、今度は、CSどころではなくなります。CSを考えるとき、普通はお客様のことを考えます。お客様の立場に立って、どうしたら喜んでもらえるのだろうか、満足してくれるのだろうかと一生懸命考えます。ですから、自分たちの利益ばかりを先に考えていたら、お客様が喜んでくれる商品やサービスは生まれにくくなります。

ここで、話を振り出しに戻しますが、研修で、「どうしたらCSを向上させられるのか」というお題を最初に出しました。すると、忙しい、給料が安い、人が足りない、若手が育たない、設備が足りない、やる気が出ない、などと言い訳ばかりで、現状足りていないものや、できない理由ばかりを並べ立て始めました。そこで、私はお題を次のように変更しました。

「それらの問題を改善するために、あなたにできるES向上策は何か」

つまり、

「CSを上げるために障害となる仲間の問題は何で、そしてそれを解決するために、あなたにできることは何か」

ということを質問したのです。この質問によって、CSとESを同時に向上させるためのアイデアが一気に出始めました。CSを考えることでESを考えることにもつながったわけです。

みんなで自分たちが働きやすい環境を考えるとES向上につながり、ひいては成果を最大化させることになります。そもそもESを向上させることを考えるのは経営者だけの仕事ではありません。権利を主張して何かをもらうことばかり考えている風土では、お客様に満足してもらえるようなアイデアは生まれないでしょう。そもそも自分が働く職場なのですから、人任せにして不満ばかり言っている姿は、自立している人のすることではありません。

しかしながら、もちろん経営者にできることや決められることは、社員よりも多く存在します。経営者にしかできないことは、率先してハード面、ソフト面、ともに向上できる施策を出来得る範囲で日々改善することが求められます。お互いの役割を、それぞれができる範囲で担い、「上下一心」の一体感を持ったチームワークで天国チームをつくるのです。

CSを考えることは、ESを考えることでもあります。反対に、ESを正しい方向性で考えて向上させれば、CSもおのずと向上します。ですから、CSもESも同時に考えることが必要です。

どちらを考えるときも、自分中心の考え方ではうまくいきません。堂々巡りの悪循環が展開するだけです。ですから、どちらを考えるときも自分だけに焦点を当てないことです。

天国チームには、CSとESを同時に満たす善循環が回り始めます。そのサイクルがグルグルと回り始めると、今度はCD、つまり、顧客満足を超えるCustomer Delight（顧客感動）が生まれます。満足は期待レベルで十分ですが、今の世の中、相手の期待を超える感動レベルの価値の提供が必要になっています。消費者のニーズは日々複雑化、かつ高度化しているため、これまでのような杓子定規のビジネススタイルではいずれ立ち行かなくなるでしょう。

7 評価判断せずに受け入れる

他者を受け入れるということがよくわからないと相談を受けることがあります。相手に共感して、良いところを褒めて承認してあげることができないというわけです。

安心安全な場づくりのために褒めることは大事。しばしば言われることです。だから、上司として部下を褒めなければとは思うものの、どうしてもこのように考えてしまうのです。

「歯の浮くようなセリフは、わざとらしいし、恥ずかしくて声もかけられない。それに能力の低い部下が褒められるような立派な成績や成果だって残していないのに、本心からではなく嘘をついているようで、抵抗がある」というように。

子供のころに、親や周囲の大人からあまり褒められなかった人は、褒めることが下手な人や苦手な人が多いです。また、褒められることも同じように苦手だったりします。男性は、褒め下手が多いのですが、特に女性に対して上手に褒めることができない人は多いです。

かくいう私も他人を褒めるということが苦手でしたが、あることを通してそれが自然とクリアになりました。それは、相手を自分と同じ人として見て、尊重するということです。その感覚を持つだけで、いつの間にか相手を自然と褒めていることが増えました。

ところが、はっきりいってしまうと、褒めなくてもよいのです。がんばって褒めようなんて思わなくても全然構いません。実は、「気づく」だけでよいのです。

「褒める」という言葉を辞書で調べてみると、「人のしたこと・行いを優れていると評価して、そのことを言う。たたえる」とあります。やはり何だかハードルが高いなと感じてしまいますが、優れていると判断する基準が難しいですよね。自分よりも優れているということが基準となるならば、ほぼ上司が部下を褒めることはできなくなります。普通は部下よりも上司の能力が高いからこそ上司なわけですから。誰かと比べる必要はありません。

いや、むしろ比べちゃダメです。比較せずに、相手を人として見て、存在そのものを承認してあげることができれば、部下は自らの価値を認めることができるようになります。単純に「違い」や「変化」を認めて受け入れるだけでよいのです。相手が関心を持っていることや行動にフォーカスして、その事実を評価判断することなく相手に伝えるだけです。「○○さんは、△△が好きなんだね」「最近、□□が××回できるようになったね」。そのように小さな変化に気づいてフィードバックしてあげるだけでよいのです。

だからこそ、相手を人として見て、尊重し、関心を持って見続けることが必要であり、部下の小さな変化に気づくことです。日々の成長、雰囲気や言動などの変化に気づき、評価判断することなく伝えるのです。褒めようとすれば評価判断が入りやすくなります。だから、無理して褒めなくてもよいのです。

ところで、評価判断しないということは、「ありのまま」の姿を受け入れるということです。しかし、ここでしばしば間違えてしまうのが「わがまま」を許してしまうことです。過保護な環境は成長を阻害します。

「ありのまま」でいるということは、自分らしさを大切にすることですが、ともすると、今の自分のままでよいので変わらなくてもよい、変わる必要はない、つまり、自分本位でよいのだというように都合よく解釈されてしまうことがあります。

しかし、これは「ありのまま」ではなく、「わがまま」というものです。「わがまま」が蔓延していくと、組織にとって不可欠な「成長」が止まってしまいます。自分の目的だけを優先する自分本位の人が集まる組織にしてしまうことは、お互いに競い、奪い合う地獄の風土をつくることにつながります。

組織やチームを構成するメンバーは、各々がそこに存在する意義を常に問われています。つまり、私たちは存在するだけで「責任」を問われています。責任は成熟した大人の証です。一方で子供の姿は、「ありのまま」そのものです。遊ぶことにも真剣で本気。楽しいことやワクワクすることには目がありません。ところが、子供は「ありのまま」でもあり、「わがまま」でもあります。だから、責任がなく、大人に叱られるわけです。

大人は社会人として、大人の人間関係の中で生きています。だから、我慢することや努力することを覚えなくてはいけませんし、辛いことにも向き合わなければなりません。そして、その中で、いかに自分がよりよく豊かに幸せに生きられるかを模索し続けることが必要です。それが責任者として生きるということです。

つまり、関係性の中で「ありのまま」で生きるということは、自らの人生に責任を持って生きるということであり、逆に「わがまま」な人は、無責任な人です。自立していない子供と同じ。ですから、個々の自立的成長がなければ、組織に成長はありません。「ありのまま」は成長を促し、「わがまま」は阻害します。

誰でも大小かかわらず、責任を持てない弱さはあります。勇気や覚悟を持てず、行動できないときもあります。ならば、それを素直に認め、そして受け入れてしまうことです。そこに嘘をつかずに、自分をあるがままに見ることができると、楽に生きられるようになります。すると、楽になって緩んだ心と体は、自然と行動を求めるようになります。楽しさやワクワクを求める心が行動を後押ししてくれるようになります。その結果、勝手に変わるのです。

よりよい方向への変化が成長です。リーダーは、評価判断せず、フォロワーの「ありのまま」を受け入れて、無理せずにできることから始められるように、小さな一歩をサポートしたいところです。その積み重ねで成長が促されます。そして、そのような「あり方」を考え、実践することが、リーダーとしての責任なのです。

8 当事者意識を醸成する

以前、町内会の仕事で、妻が引き受けてきた仕事がありました。ところが、彼女に別の用事ができてしまったために、代わりに行ってくれないかと頼まれたわけです。その日、私は仕事が休みで、ほかに用事もなかったために断る理由もありませんでした。そして、当日。私は、すっかりと頼まれた用事を忘れていて、すっぽかしてしまったのです。しかも、彼女に行っていないことを指摘されるまで気づかなかったというひどいありさまです。妻は、自分が引き受けた仕事だったために、感情的になって激しく私を責め立てました。

「も〜、信じられない！　○○さんにちゃんと電話しておいてよ！」

あんたのミスなのだから、きちんと代表者に謝っておけというわけです。ま、完全に私のミスですし、忘れていた私が悪いのです。ところが、素直に受け入れられず、抵抗する気持ちがムクムクと湧いて生まれてきます。そして、思考回路がグルグルと逆回転を始めるのです。最初は申し訳ないという気持ちで一杯だったのに、どんどん心変わりしていきます。

「そんな言い方をしなくてもいいじゃないか。だいたい自分が受けた仕事なんだから、別の用事なんて入れなければいいのに！　そんなに大事なことなら、自分で行けよ！」

冷静に考えれば、何というへ理屈をこね回すひどい奴なのだと思うのですが、そのときはそう思ってしまったのです。自分はそこまで悪くない、だから責められたくなんてないのだと。

そもそも振り返ってみると、最初に頼まれごとを引き受けたときから、正直なところ心の中では渋々だったのです。最初から「抵抗」して受け入れていませんでした。断れば、当然、用事がないのになぜなのかという話になるため、選択の余地はありませんでした。ですから、はなから彼女との「連帯責任」として考えていたわけです。責任の所在は、私にではなく彼女にも存在していたことになります。

つまり、私の「自己責任」ではなく、依存してどこかで他人事としてとらえていました。ところが、自分を棚に上げるわけじゃありませんが、このような責任の押し付け合いは、世間のあちこちで起こり、争いが絶えない現実があります。

「自己責任」を持つとは、原因から結果までのプロセスを「自分事」として自らが認めて引き受けることです。つまり、「他人事」ではなく、「当事者」や「私事」として受け入れているということです。自立型の社員は「当事者意識」で行動できる人です。自ら考え決断し、行動できる人です。当事者は責任者であり、主体者です。組織内に無責任者を一人でも減らし、自己選択の文化をつくることで、当事者が増えます。

だから、リーダーが決めてはいけないのです。リーダーが決めないことで、考える人と行動する人の分離を回避することが可能になります。経営者だけが考えて、それをこなすだけの集団は依存型の無責任な集団です。

職場の自由度は、決められる環境があるかどうかで変わります。つまり、選択権を持っていることで自由を感じることができます。しかし、ひとたび決めると同時に、結果責任、行動責任、説明責任などの「責任」が発生することになります。ですから、本来自由であることは厳しいことでもあるわけです。実際に、わが社の社員は、「うちの会社は底抜けに自由だけど、同時に厳しくもある」と言います。

どんな生き物もそうですが、無意識的に快を選択し、不快を避けます。人間も同じです。ところが、人間は、動物と違い、快と不快を意識して選択することができます。これは大きな違いで、人間はこの違いによって、強くたくましく成長することができるわけです。

自由の裏側にある厳しさや辛さを不快に感じ、回避したいと思う人は多いです。目前の責任から何とか逃れたいと思う人たちです。そういう人たちは、他人の責任や強さに依存して生きています。しかし、言い換えるならば、他人の人生の一部分になっているといっても過言ではありません。結果、無意識的に他人のコントロールを望むようになってしまいます。なぜならば、他人のコントロールを受け入れさえすれば、自分の無責任さや弱さが正当化されるからです。コントロールされているほうが楽なのです。

しかしながら、このような依存状態に陥ると、なかなか楽な環境から抜け出せなくなってしまいます。これが変化を阻害する大きな要因の一つとなっているものです。いわゆるコンフォートゾーン（安心領域）と呼ばれるこの状態から抜け出せずに留まり、依存していると、成長することは困難になります。

当事者ではなく、第三者意識の依存型社員を生み出し、成長や変化を拒む一番の要因は、「恐れ」です。不安や心配など、安心安全ではない状態を回避するために無意識的反応によって抵抗してしまうのです。ならば、不快なネガティブ要因をなるべくなくし、それらを凌駕するようなワクワク感や感動、承認や感謝、笑いなどのポジティブ要因を社内に生み出せるようにしなくてはいけません。そのためにリーダーは、成長することの必要性を伝え、学ぶことや、チャレンジすること、チャンスを活かすこと、また、つながりやご縁を大事にすることなどの重要性を示し、行動できるように、施策や環境づくりをしなくてはなりません。

チャレンジすることに失敗はつきものです。また、それに伴って、厳しさ、苦しさ、悲しみ、いら立ち、怒り、恥など、ネガティブな感情や痛みもついて回ります。しかし、多少のストレスは致し方なく、癒しばかりを求めていたら成長はありません。これは心理学的にも立証されていて、ストレスをまったく感じない状況よりも、多少ストレスのあるほうが効率や成果が上がることもわかっています。そもそも人間が生きていくうえで、まったくストレスのない世界などありません。人間としての自然な営みをできる環境がよりよい会社をつくります。

9 善循環型のコミュニケーションサイクルをつくる

天国チームをつくるために、なるべく自分軸ではなく、他人軸で仕事をすることに意識を傾けておきたいものです。ですから、自分のことばかりではなく、他人のことにフォーカスが当たるような習慣づくりができるようにしたいところです。そのような習慣ができると、組織内によいサイクルが生まれます。

実は、その善循環を半ば強制的に生み出してくれる魔法の習慣があります。それが「感謝」です。月並みかもしれませんが、しかし効果は絶大で、わが社では、その効果を得るために仕組み化されているものが前述した朝礼です。感謝することで、強制的に自分軸ではなく、他人軸で物事を考えることができるようになります。

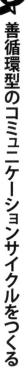

私たちは、日頃、他人のために、自分の時間をどれだけ使っているのでしょうか。どれだけチームメンバーのために自分の力を使い、惜しみなく協力をしているでしょうか。実際のところ、ほとんどの人が、自分の時間を自分のためだけに使っているのが実情です。

つまり、何をするにもすべて自分のため。仕事は、自分の労働力を他人のために捧げているのだから、自分以外の人に時間を使っているじゃないかという反論もできますが、自分の労力の対価のため、つまり、自分が得るお金のために働いているとすれば、自分の認める対価以上の労働はできなくなります。また、自分の給料はお客さんからもらっているようなものだと考えれば、顧客のために働くのはたやすいことですが、ともに働く仲間に対して感謝し、ヘルプやサポートすることは難しくなります。

自分の時間を他人に奪われていると感じながら、自己中心的に自分だけに焦点を当てて働いていれば、他人に意識が向くようなことはなくなります。自己中心的に自分だけに焦点を当てている独りよがりな状態の中では感謝することはできません。感謝をすることは、自分以外の他者に焦点を当て、思いをめぐらせることです。感謝をすることによって視野が広がり、他者に関心を持つことができるようになります。無関心な組織ではチームワークは生まれません。また、チームの中での自分の立場を考えるきっかけをつくり、自立性を促します。組織内にお互いを非難し合うようなおかしな空気があるということは、感謝が足りないということです。

習慣化のコツは、とにかく言葉にして口癖にしてしまうことです。「ありがとうございます」「ありがたい」「感謝します」など、チーム内に感謝の言葉があふれていれば、悪い雰囲気になることはまずありません。

しばしば、本当に心から感謝の気持ちがないなら、言わないほうがよいみたいなことを言う人もいますが、私はそうは思いません。感謝の言葉は、たとえ気持ちが伴っていなくても絶対に言ったほうがよいと思いますし、言える人のほうが何倍もステキだと思います。

感謝だけではなく、ポジティブな言葉を選択することは、脳科学的にも心身ともによりよい効果をもたらしてくれます。言葉の使い方はとても大事です。また、行動が思考を強化してくれます。実際に感謝の気持ちを言葉にしてアウトプットすることで、心からありがたいと思うことができるようになります。

上司が部下に感謝をすることができると、それは部下にとって大きな承認となります。部下を一人の人として見て、関心を持ってマネジメントすることができると、相手の少しの変化に気づくことができます。小さな成長にも感謝することができるようになります。ところが、自分は偉い、優秀だ、特別な存在だなどと考えていると、謙虚さを忘れて自己中心的に立ち振る舞うようになってしまいます。すると、部下の存在は、いて当然の存在、指示命令に従って当然の存在になり、自分の手足のような存在として見なすようになってしまいます。

「ありがとう」の反語は「あたりまえ」です。あたりまえの存在になってしまえば、当然感謝することはできなくなってしまいます。部下たちは、上司の無能さや無知さ、頼りなさを含め、ほとんどのことは許してくれますが、誠実さや真摯さの欠如だけは絶対に許してくれません。つまり、信頼の対象とは見なしてくれません。

感謝することは、ポジティブなフィードバックの役割を果たします。自分の努力がチームの役に立っているか、顧客の役に立っているか、自分がどれだけ必要とされているかということをフィードバックすることと同じです。上司からのフィードバックは褒められることと同じようなものですから、もっと承認されようと他者のために努力するようになります。つまり、やる気やモチベーションの源泉となるのです。

感謝は、気づかいや思いやりを行動に変える力を持っています。組織内に感謝と思いやりの連鎖が起こると、そこに偉大なことが起こり始めます。

また、コミュニケーションをとることの重要性を忘れてはいけません。上司が部下に対してきちんとフィードバックできるように個人面談を定期的に行うことは、部下が自分の存在価値を感じることができる非常に効果の高い場となります。わが社では朝礼を1時間もかけて行っていますが、それも、コミュニケーションの重要性を感じてのことです。

脱会議といって何でもかんでも会議を短縮したり、排除してしまう風潮はどうかと思います。何の目的も持たない無意味な会議はなくしたほうがよいでしょうが、きちんとした目的と制限時間を含めたゴールを決めておけば、他者に目を向けるための最良の場となります。進め方は大事ですが、自分以外の人の状況に目を向けるチャンスを無駄にしないようにしたいところです。

10 組織開発の順番

私は、自分の会社の社員を自立型社員に変革させた結果、社長の業務を減らしてきました。その後、多くの悩める経営者と出会い、自分がお役に立てることを実感した次第です。そこで、自社で行ってきた仕組みを体系化し、他の企業にも導入できるようにコンサルティングコンテンツを構築しました。それは、仕組みやシステムなど、「やり方」だけのアプローチではなく、主に「人間関係改善」や「意識改善」などの「あり方」にアプローチしています。なぜならば、仕組みやシステムなど組織を活性化させる「やり方」は、土台となる「あり方」、つまり、心の持ち方や考え方があってこそ有効になり、「組織開発」にとっての要になると考えているからです。

「組織開発」とは、個々の人間関係への働きかけや、個人の能力を引き出すことで組織活性を促すアプローチのことです。体裁だけを整えるような仕組みや仕掛けなどの「やり方」だけではどうしても限界があり、それは、私自身が失敗してきた歴史と経験則から学んだことでもあります。

そもそもの目的でありゴールは、まさに「長い箸」の天国チームのような思いやりにあふれ、自立した社員が自発的に動いて成果を出すゴキゲンな組織をつくることです。そして、私が考えるゴキゲンな組織のポイントは以下のとおりです。

1　仕事に対するモチベーションが高く、責任感のある自立型社員で構成されている
2　社員の各々が成果に対する明確な目的意識を持ち、チームワークも良好である
3　継続的に成果を生み出すための仕組みと習慣がある

この状態を目指して行う施策や手法が私の組織開発コンサルティングとなりますが、外してはいけないことは、その施策を行っていく際の順番です。その順番とは、

(1)　意識変革
(2)　ビジョン形成
(3)　トレーニング（仕組み、制度導入および改善）

です。この順番はマストであり、これを間違えると組織開発はまず失敗してうまくいきません。そして、この順番に合わせて、私が提唱している「何もしない」を実践できるリーダーになるための「ＣＯＡメソッド」の基本コンセプトが以下のとおりとなります。

①Change Consciousness：意識変革（気づき）を促し
②Objective：目的・目標を通して
③Action：行動の継続と習慣化で自立的な成長を促す

これらの頭文字をとってＣＯＡとしていますが、①はあり方開発、②③はやり方開発となり、しつこいようですが、一番大事なことで最初に手をつけることは、①の「あり方」です。

ＣＯＡメソッド

①Change Consciousness：「気づき」こそが変化と成長のカギ

自立型社員にとって、内なる自分に気づきを得ることこそが、成果を出すために必要な最大かつ最短で不可欠な戦略となります。気づきこそが成長を促します。

知識や情報を学び、習得したとしても、必ず変化が起こるとは限りません。いや、むしろ何をしても大した成果も出せずに悩みが増えてしまうケースが大半かもしれません。成長を促し、成果を生み出すために必要なことは、実はいつでも、私たちの内側に存在しています。つまり、答えの半分はすでにわかっていることのほうが多いのです。

ですから、客観的に自分を見つめる力（メタ認知能力）を高めることによって問題を解決する力が高まります。メタ認知能力とは、簡単にいえば、自分のことを自分でコントロールする力のことです。

② Objective：働き方の変革を促す目的と目標

リーダーが「あり方」を整えて「何もしない」、つまり、コントロールしないことで社員が自立し、組織に一体感を生み出すことができます。その状態を維持促進させるために必要なことが、マニュアルを超えるビジョンをつくることです。

揺るぎないビジョン形成と組織内浸透は、リーダーの究極の仕事です。ビジョンが浸透することによって、働く目的が明確になり、給料だけが目的の何となく働く人が減っていきます。つまり、自動的に組織をゴキゲンにしていくエンジンの役割を、この「目的」や「目標」が果たすことになります。

③ Action：ゴキゲンな組織をつくる実践と習慣

健康維持のためには、継続して適度な運動をすることが必要です。また、運動能力を高めるためには日々のトレーニングが欠かせません。心の状態や物事をとらえる見方や考え方も同じで、まさに筋トレのようなものです。つまり、鍛えて習慣化すれば、よりよい状態を維持継続することができるようになります。

組織全体で維持継続するためには、「あり方」を維持継続させるような「やり方」、つまり、仕組みや仕掛けづくりが必要です。組織のメンバーの自立的な成長支援をメインテーマとして、組織が発展するように日々改善し続けることや挑戦し続けることが必要です。

以上がCOAメソッドの概略となりますが、組織のメンバーの成長支援を行うための環境づくりや仕組みづくりをメインテーマとして、組織が自動的に発展するように日々改善し続けることや挑戦し続けることが大事なことです。

仕組みや仕掛けは、やはりあくまで「あり方」を実践するためにサポートしてくれる道具や手段に過ぎないことを肝に銘じておかねばなりません。手段が目的になってしまっては本末転倒です。

第5章のキモ

疲れないチームとは、
仲間を思いやることのできるチームのこと

1　会社の「あり方」を示す経営理念が疲れないチームをつくる

自立型社員が育つことで社長の仕事が減り、よりよい未来を考える時間ができる。

2　マニュアルを超えるビジョン形成と実践が疲れないチームをつくる

ビジョンを掲げ、何もしない（コントロールしない）と結果的に何もしなくてもよくなる。

3　目的や理由を明確にすることで疲れないチームをつくる

自分たちの仕事に、よりよい意味や価値があると感じられると成果は何倍にもなる。

4　目的を自分の成功から他人の成功にシフトさせて、疲れないチームをつくる

仲間が成果を出せるように手助けし、組織の成果が上がれば自分が働く環境もよくなる。

5　自らを輝かせて幸せになる働き方を学び、疲れないチームをつくる

お互いが学び合い、高め合うことで幸せになるための基礎体力をつける。

6　立場を越えて労使ともに協力し、一体感を持つことで疲れないチームをつくる

CSもESも同時に満たすような善循環が起こると、顧客満足を超える顧客感動が生まれる。

7　フォロワーの小さな一歩をサポートできるリーダーが疲れないチームをつくる

人として見て尊重し、関心を持って見続けると相手は自らの価値を感じることができる。

8　責任を持って自己選択できる当事者を増やすことで疲れないチームをつくる

リーダーが決めず、コントロールしないと、フォロワーの当事者意識が育つ。

9　他人軸で物事を考える習慣で疲れないチームをつくる

他者に焦点を当てて、相手に関心を持てるようになると、感謝と思いやりの連鎖が起こる。

10　自立型社員を育てる施策の順番を守り、疲れないチームをつくる

組織開発の優先順位を守り、発展、成長するように日々改善し、挑戦し続ける。

終章

憑かれないリーダーシップ

1 憑かれず疲れず 〜妄想を手放す〜

【ある男の日常】

《あんな言い方ないじゃないか…》

朝、上司に叱られた。

《ちくしょう…あんな言い方ないじゃないか…》

ランチの時間にも思い出す。同僚と話をしていても上の空。せっかくのランチが全然おいしくない。会社の近くに最近できたばかりのレストラン。２０００円もするランチだったのに。

《あんな言い方ないじゃないか…》

仕事の帰り道、電車の中でまた思い出す。考えれば考えるほどモヤモヤする。

目の前で黄色い声を出して騒ぐ女子高生たち。

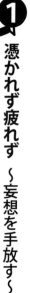

《大きな声で騒ぐなよ…》

《キャーキャーうるさいんだよ…》

《電車の中では大きな声を出してはいけませんって教えてもらってないのか?》

《あーむかつく!　どいつもこいつもふざけやがって!》

家に帰りたくないと思う。最近、妻とうまくいっていない。いつも責められているような気持ちになる。だから、顔も合わせたくない。

《あいつが寝る頃までどこでもいいから時間をつぶしたい…》

そして、赤提灯で酒をあおる。パーッとキャバクラにでも行ってストレス発散したいところだけど、月2万円の小遣いじゃどうにもならない。

《あんな言い方ないじゃないか…》

《俺だって一生懸命やってんのに…》

《畜生…どいつもこいつもバカにしやがって…》

酒を飲むスピードに勢いが増す。

《畜生、許せない…くやしい…》

そんな気持ちをお気に入りの鉄の箱の中に大事にしまい込み、鎖でつないで引きずり回す。そして、また何度でもその箱のふたを開けて、自分の気持ちの確認作業をする毎日。

《あんな言い方ないじゃないかぁぁぁぁぁっ!!》

午前様で家に辿り着く。布団に入っても眠れない。目をつぶれば、イヤな上司の顔が出てくる。自分はひとりぼっちだ。だから、誰も自分のことなんてわかってくれない。そうやって孤独を感じながら、自分の人生の不幸さを恨み、悶々とするのだ。寝つきも悪く、明け方になってようやくウトウトとし始める。だからいつも寝不足でおつかれ。

そしてまた、いつものようにパッとしない朝を迎え、どうしようもない一日が始まる。

さて、とある知人の日常を、彼の気持ちになって書いてみました。この知人の愚痴をひとしきり聴いた後に、「よほど上司のことが好きなんだね」と言ったら、鳩が豆鉄砲を食らったような顔をしていました。しかし、そんなにイヤな上司なら、連れ回さなければよいのです。

そもそも、上司をランチに連れて行ったのは誰でしょうか?
上司と一緒に電車に乗ったのは誰でしょう?
赤提灯で上司と一緒にいたのは誰でしょう?
上司を家にまで連れて帰っているのは誰でしょう?

ハンバーガーや牛丼じゃないのですから、お持ち帰りしちゃいけません。誰かにお土産を持たせられているわけでもないのです。そう、お持ち帰りしているのは他ならぬ自分。ですから、自分でお持ち帰りしていることに気づくだけで何かが変わります。イヤな上司は会社においてきたらよいのです。連れて帰ってきてはいけません。本当は、イヤな上司さんともお友達になってしまうぐらいの気持ちでいられるともっとよいのですが…。ともあれ、上司を勝手に生霊のように扱ってはいけません。

自分の人生をどうしようもないものにしている本当の犯人は誰でしょうか？　力ある一日をスタートさせるためには、生霊の被害者にならないことです。生霊の正体は、私たちが自分自身で勝手につくり出している単なるイメージに過ぎません。

結局、私たちは自分が見たい世界を見たいように見ています。自らがつくり出している幻影に惑わされて、事実を見失ってしまっていけません。自分の思考が生み出している幻影にとらわれ、人生を台無しにしてしまっている人は少なくありません。

生霊さんであっても死霊さんであっても、「ゴキゲン」な人には取り憑くことができません。「フキゲン」な人を好んで近寄って来るようです。

わざわざ自分で自分を苦しめないことです。グルグルに鎖を体に巻きつけて苦しい苦しいと言っている姿は傍から見れば滑稽です。もしも苦しい状態があるならば、巻きつけている鎖に気づき、手放して軽く楽になりましょう。私たちの選択次第で、いつでももっと楽に生きられるようになります。

2 ありのままで生きる ～常識を手放す～

過去の私は一言でいえば、ジャイアンでした。思いどおりにならないとイライラしたりムカついたり。いつも腹を立ててばかりいました。だから、若い頃は、何をするにも群れることなく、一人のほうが楽でいいと思っていました。よくいえば一匹狼。本質は、孤立と孤独の渦の中。しかし、その自覚はなく、自ら、好んで一人を選択していると思っていました。

その姿勢は大人になっても基本的には変わりませんでした。ジャイアン的な才能は、経営者になってからも、権利や権限を笠に、さらに花開いてしまいました。悪気はありません。会社のため、社員のため。そう思い、正義を掲げていました。自分の言動は正義であると信じて疑いませんでした。しかし、社員たちからみれば、ジャイアンはジャイアンです。しかもフキゲン。たちが悪い。

経営者になってからの私にとって、現実は残酷で冷たく、狂っていました。なぜならば、私の考える正義がまかり通らないからです。自分が正義だと思い、取り組み始めることがことごとくうまくいかないのです。働く環境をよくしようと思い、社内制度の改善をしようとすれば、猛烈な抵抗を受け、福利厚生を厚くしたところで感謝もされない。しまいには、お客様にはちゃんと挨拶ぐらいしようねと言うだけでも、面倒くさいという雰囲気になる。いい加減にしろ、ふざけんな！　私はどんどん被害者意識を持ち始め、説教くさく、口うるさい母親のようになったり、どうでもいいわとふてくされたりを繰り返しました。

「そんなことは常識だろ!?」

「そうするのがあたりまえじゃないか！」

「あなたは、こうすべきだ！」

「なぜって？　それが正しいことだからに決まっているからじゃないか！」

「はぁ？　そんなこともわからないの？」

こんな具合に、それが半ば口癖のようになっていきました。

私たちが思っている「常識」は、他人にとってはそうではないこともあります。自分にとって、大事だと思っていることが、他人にとって共感を得られるものであるとは限りません。「常識」という言葉は、非常に都合がよい言葉です。それを理由に自分のルールを他人に押しつけ、正義を主張することができるからです。私たちは、「あたりまえ」や「常識」だと思っていることに理由を求めません。つまり、盲目的に信じ込んでいる、理由なき思い込みにコントロールされていることがあるということです。そして、その理由なき「常識」によって、他人をもコントロールしようとするのです。しかし、簡単には思いどおりにいかないために腹を立てたり、悲しんだり、未来に対して不安を持ったりするわけです。

また、不安ばかりで、何をしていても、「どうせうまくいかない」「どうせダメに決まっている」というように、行動する前から決めつけてしまっている人もいます。しかし、これも、理由なき思い込みに過ぎません。そして、自分が信じている思い込みを強化するために必要な、やらなくてもよい理由や、できない証拠を探し求めるのです。皮肉なことに、その証拠集めに熱中し過ぎて、一番大事な仕事の成果に集中できない人はリーダーに向いていません。向いていない人がリーダーをしている組織は悲劇です。

常識や正義に駆り立てられる原因も、できないと決めつけてしまう原因も、実は同じように盲目的な思い込みであることにほとんどの人が気づいていません。

「やるべきことをがんばる自分には価値があるが、ありのままの自分には価値がない」

「何かをできる自分には価値があるが、ありのままの自分には価値がない」

つまり、価値がない自分は認められない、愛されない、嫌われてしまうかもしれないという恐怖や不安を、深いところでずっと感じてしまっているのです。そのように顕在化されていない心の奥深くにある気持ちが私たちを陰で操っています。これは、実は子供の頃から、大人になった今でもなおずっと続いてしまっているもので、それが自分の中での正しさや常識になってしまっています。

しかしながら、真実はどうでしょう？　私たちは、存在するだけですでに価値があるし、誰もが皆、等しく重要な存在です。それが、人間が生まれながらにして持っている尊厳です。ですから、そのことに気づき、理解することができると、自分や他人を無理にコントロールすることがなくなります。ああすべき、こうすべき、ああすべきではない、こうすべきではないと、強烈なブレーキやブロックが起こることもなくなり、苦しみ、悩むことがなくなります。すると、不安や恐怖感の支配から解放されてありのままで生きることができるようになり、楽になれます。

自分にとっての正しさは、それはそれで私たちが安心して生きるために以前は必要だったものです。子供のときには、そうしなくてはならない事情があったからです。そうせねば、自分は愛されない（主に親からの愛）という不安を抱え、愛されるために、認められるために、がんばり、自分を守ってきたのです。

しかし、もはや必要のなくなった今でもそれを大事に持ち続けてしまっています。もう守る必要はありません。手放しましょう。もう、その習慣は必要ありません。無理してがんばらなくてよいし、思いどおりにいかないと落胆したり、生き辛さを感じて、悲観する必要はありません。

いつでも人は変われます。自分を楽にする力も、未来を幸せにする力もすべて自分の中にあることにまずは気づくことです。

3 人間らしく生きる ～偏見を手放す～

あなたの仕事のモチベーションは何ですか?
お金ですか?
家族の存在ですか?
仲間の存在ですか?
お客様の存在ですか?
掲げた目標を達成することですか?
夢や理想を実現することですか?
世のため人のためですか?

人それぞれにやる気の源泉は違います。何をエンジンにして前進するのかは、それぞれ置かれた環境によって異なります。

わが社は鋼材販売を始めて、70年を迎えます。私が、事業承継者として経営陣の一角に名を連ねたとき、社員一人ひとりに対して、個人面談を通してある問いを投げかけたことがあります。それは、

「何のために私たちは働くのか？」

ということです。すると返って来た答えは、例外なく見事なほどに全員が同じだったのです。みんなの答えは、「生活のため」「お金のため」。それだけです。この事実は、結構なインパクトで、私にショックを与えました。そりゃそうだろうねということは、頭ではわかっても、もう少し別の答えがあってもいいんじゃないかという気持ちで、悲しく感じました。とはいえ、当時の私にも明確な答えはなく、それを模索している毎日でした。

仕事の入り口がお金や生活のためであることは、否定できない事実です。しかし、それだけを求めてやってくるような人と一緒に働きたくないという過剰反応を私はしてきたように思います。自分の評価ばかりを気にして、権利の主張や待遇改善ばかりを求めて、不平不満や愚痴を垂れ流すような働き方をする人に嫌気がさしました。本当に大事なことは、そんなことだけじゃないだろうと。しかし、同時に、しょせんは綺麗事なのかもしれないと悩みました。

事業承継者として会社を引き継ぐということは、私が採用したわけではない従業員をも同時に引き継ぐということです。ですから、当然ながら、お金ばかりにフォーカスして働いてきた先輩社員たちに対して我慢し、言いたいことも言えずにストレスを抱えながら、待遇改善を考えなくてはならない状況に追い込まれていました。だいたい、権利の主張ばかりをする人たちの待遇を向上させたところで既得権益にされるだけだ、そして、きっと要求はさらにエスカレートしていくのだと疑心暗鬼に陥ったのです。

働く目的やモチベーションがお金中心になれば、そのほかの大事なことが、ないがしろにされて、お客様や仲間の存在が置き去りにされてしまいます。にんじんをぶらさげる使用者とそれを追いかける労働者との関係だけでは、やはりおかしなことが増えてしまいます。実際に、完全成果主義やフルコミッション制の営業会社などでは、働く意欲が削がれるようなさまざまな問題を抱えているところも多い実情があります。ならば、いったいどんな体制や方針で経営し、どんなリーダーシップを発揮したらよいのだろうかという苦悩に苛まれたのです。

そして、そのような経験から学んだことが、本書に書いてきたような、自分や自分たちだけのことしか考えない体質や風土からの脱却こそが、会社の成長に必要なことであるという結論でした。社長も社員もそのことに意識を注がなくてはよりよい会社にはなりません。

お互いに幸せになることや豊かに生活できるようになることは、追求されて然るべきことです。お金は当然必要なものです。物心ともに満足できるような会社経営が理想です。自分のことを全力で考えることは必要なことです。しかし、自分以外の人のことも、同じく全力で考える必要があります。なぜならば、人間は人間関係の中でしか存在できないからです。

人間は、清濁あるからこそ人間らしくもあります。綺麗事だけでは生きていけません。求人サイトや募集広告などの媒体で、働き口を探すときには、何だかんだ言っても、少しでもよい報酬や待遇を探し求めるものです。やりがいだけでは飯は食えません。守るべき人がいれば、なおさらなことです。要はバランスです。ですから、経営者として、リーダーとして、儲ける力を養わなければいけないですし、社員として、フォロワーとして、儲けるためにより多く考え、より多く行動することが必要になることもあるでしょう。

「あり方」も大事ですが、「やり方」も当然大事なことです。愛情やロマンも必要だし、ソロバンや計算機も上手に使わねばなりません。ロマンとソロバン。綺麗事だけでは生きていけませんが、綺麗事を掲げなくては、もっと生きていけないとも思います。夢や希望、理念や理想。それがなければ、目の前の現実だけに一喜一憂し、翻弄されるだけにもなるでしょう。ならば、たちまち売上や利益だけ、お金や自分のことだけしか考えられないバランスの悪い体質に陥ります。

私は、清濁併せ呑める人間になりたい。どちらかに偏らず、偏見を手放してどちらも呑み込める人間になりたい。善でも悪でも分け隔てなく受け入れることができる度量が大きな人間になりたい。しかし、小さすぎる自分に気づいて泣きそうにもなります。人生は死ぬまで修行だとは思いますが、苦行じゃありません。だから、苦悩にはせず、成長という喜びを感じて人間らしく生きていきたいと思うのです。

4 抗わずに生きる　～抵抗を手放す～

仕事は辛く厳しいものである。そう考えれば、我慢してがんばらなくてはならないものになってしまいます。私は仕事をいわゆる仕事だとは思っていません。ただの作業やお金を稼ぐツールとして、必要に迫られて仕方なくしている面倒くさいことだとも思っていません。時間にもとらわれていませんし、休みにもとらわれていません。もちろん私はサラリーマンではなく、社長ですから時間の制約もないのですが、ならばみんな社長になればいいのにとさえ思ってしまいます。

それぞれの立場や置かれている生活環境で当然ながらできることは違います。ですから、いつしか可能な範囲で、テレワークなどの自由な勤務体系を導入するなど、会社全体でも社員が働く時間の概念を、知恵を絞って柔軟に変えていきたいものだと考えていますが、しかし、それも結局は制度の問題で、一番大事なことではないと思います。大事なことは働く人一人ひとりが仕事そのものをどうとらえるかということだと思います。自分の見方や考え方次第で、仕事は楽しいものにも辛いものにもなります。

私たちは、簡単に自分の考え方の奴隷になり下がります。自分のつくり出した幻影の被害者に自らが進んで陥ってしまうのです。しかし、わざわざ自分が自分を苦しめているなんて思いたくありませんので、なかなか受け入れられずに、そんなはずはないと否定します。だから、いつまで経っても苦しさから抜け出すことができなくなってしまうのです。

自分はうまくやっていると思っている人。頭の中だけで考えた実用性の乏しい計画だけで、一見すると世間をうまく渡っているかのように見える人も時にいますが、やっぱりいつかはボロが出ますよね。実体験や経験がなく、机上の空論ばかりで頭でっかちな人は言葉に重みがありませんので、信頼を得ることができません。頭の中だけで構築された「やり方」だけでは、うまくいかないことは多いのです。

理想と現実。私たちはこの狭間で常に揺れます。理想はイメージしたり描くものであり、現実は経験するものです。現実に向き合い、行動を起こした結果として、実体験や経験があります。そして、それが成長の肥やしになります。この肥やしによって「知る」と「わかる」と「できる」の間にある壁を乗り越えることができます。

「百聞は一見に如かず」。英語では、【Seeing is believing】。直訳すると「見ることは信じること」となりますが、これは、逆をいえば、「自分の目で見るまでは信じられない」という人間の真理をついています。「見りゃわかる、見なけりゃわからん」ってな具合でしょうか。

ところが、人は自分の理解を超えたものが目の前に現れると混乱します。にわかには、整理がつかずに葛藤するのです。そして、私たちはここで大きな分かれ道を迎えることになります。受け入れるか否か。成長するか衰退するか。それまでの自分の価値観や固定概念を揺さぶられるものに対して、どう反応するかで未来が変わります。

「わかっちゃっている人」は二流です。成長することができない人です。二流は、壁にぶち当たると意固地になります。現実や自分とは違う価値観に対して抵抗し、自分の中の正しさから離れられずに、必死に自分が築き上げてきたものを守ろうとします。こういう人を「頑固」というわけです。場合によっては「わがまま」といわれることもあるでしょう。結果、変わることを拒むので、プラス方向に対する変化、つまり「成長」が訪れることはありません。

一流は、抵抗しません。事実や原理原則に従い、逃げずに見つめ、抗わず、そして受け入れます。なぜならば、本当の正しさが常に自分の元にはないことを知っているからです。自分の正しさに執着し始めると、見えるものも見えなくなってしまいます。

だから、成長し続けるよい会社は、例外なく「素直」な人が多いという特徴を持っています。素直で謙虚。何事にも無駄な抵抗はせず、潔い。反対に、フキゲンな会社は抵抗社員ばかりです。しかし、そうなれば、会社の成長はないでしょう。永続的に繁栄するような会社になれるかどうかは物事を見る力が大きく影響します。

【Learning to SEE is Learning to BE】

物事の「見方」を学ぶということは、人としての「あり方」を学ぶということ。人間関係の本質的な理解を深めるためには、人間的な成長が欠かせません。人間的な成長が起これば、視野は広がり、受け入れる力が高まります。自然体でいて抵抗しないことです。それができるようになると、実はとっても楽なのです。抵抗するには力が要りますから。摩擦も起こりません。つまり、無駄な労力をかけずに済むようになるということです。すると、不思議と物事の見方が変わります。

私たちは、いったいどれだけの労力を無駄に浪費して使ってしまっているのでしょう。もっと有効に力を使うことがあるはずなのにもかかわらず、なぜ限りある大事な時間を無駄遣いしてしまうのでしょう。本当はもっとお互いに関係性を高め、成長し合う存在であるべきなのに、どうして貶め合うようなことをしてしまうのでしょうか。

【Learning to SEE is Learning to BE】

もしも、疲れてしまうような現実があるのならば、「見方」を学び、「見方」を変え、そして自分の「あり方」を変えて、目の前の現実を変えていきたいものです。

5 選択して生きる ～はじめの一歩を踏み出そう～

いつも愚痴をグチグチ言っちゃっている人。不平や不満ばかりですぐに被害者。そしてフキゲン。しかし、フキゲンは伝染しますから、そのような人には近寄りたくないものです。どうせならば、私はやはりゴキゲンな人と一緒にいたいし、自分自身もゴキゲンな人でいたいと思います。

成功哲学のパイオニアであるアール・ナイチンゲールはこう言いました。

「私たちは、私たちが考えているような人間になっていく」

頭の中の自分が幸せであると考えれば、そのような人生を送ることができるでしょう。しかし、頭の中の自分が悲観的な人間ならば、悲観的な人間になっていくでしょう。言動や態度は、考え方や感情が生み出します。嫌な気持ちも、清々しい気持ちも、フキゲンかゴキゲンかという状態は、すべて自分の考え方次第で決まります。

フランスの哲学者アランを最も有名にした著書に『幸福論』があります。彼は、私たちが「どうしたら幸せになれるのか」を、なるべく簡単な言葉で世に伝えてくれた人です。そんな彼の言葉をいくつか紹介したいと思います。

「幸せだから笑っているのではない。むしろ僕は、笑うから幸せなのだ」

「気分だけで生きれば、すぐに不幸におぼれる。不幸になるのはたやすいことだ」

「幸福になろうと欲しなければ、絶対に幸福にはなれない」

「悲観主義は気分によるものであり、楽観主義は意志によるものである」

「本当をいえば、上機嫌など存在しないのだ。気分というのは、正確にいえば、いつも悪いものなのだ。だから、幸福とはすべて、意志と自己克服によるものである」


つまり、「幸福」は自らがつくるものだということです。幸せは、自らの意思によって得られるものなのだと一貫してそう教えてくれています。すべては自分の選択次第。ゴキゲンもフキゲンも選択。私たちはいつでも考え方次第で幸せにも不幸にもなれます。幸せはどこへ行っても、どこを探しても、自分の心や頭の中に存在する。それに気づくまではいつまで待っていてもやって来ません。

充実感や達成感といった人生の喜びや感動は、自分の行動を自らの意思で選択することで得られます。人生は選択の連続です。そして、その選択の累積が目の前の結果である現実をつくり出しています。その現実を、自分の意思で選択した結果によるものであると考えられる人は、被害者ではなく、自分の人生を主体的に生きる責任者です。すると、毎日がポジティブな感情をともなうゴキゲンでステキな経験で満たされるように変わっていきます。

気分本位の対極が目的本位です。目的は意思の力を発揮するために、また、よりよい選択を促すための原動力になります。仕事でも家庭でも、問題や課題は形を変えてどんどんやって来ます。その事実は変わらないのですから、どうせならば、何事も責任者の態度を持って自分の意思で選択したいところです。

いや、選択していると思うだけでも十分です。自分の人生は自分自身がつくり出していると思うだけで、きっと行動は自然と変わっていきます。

もっと幸せになりたいと言いながら、今のやり方を繰り返している状況があるのならば、それはおかしなことです。同じ選択をこれからも続けていったときに、未来に待っているものは何なのでしょうか。10年後、20年後、30年後、どのような人生が待っているでしょうか。結局、私たちの人生に変化を生み出すことができるのは、具体的な行動のみであることを忘れないようにしたいものです。そして、その行動は、自分の考え方と意思の力が生み出します。

被害者になるのは簡単です。一瞬にしてそのポジションに陥ります。しかし、被害者になれば、やらされ感やコントロール感の中で苦しむことになります。ストレスやフラストレーションを抱え続ければ、もちろん幸福だとは感じられなくなります。ネガティブな感情をともなう体験で生活はいっぱいになってしまい、すぐに不幸におぼれてしまいます。あっぷあっぷ。まさにアランさんのおっしゃるとおりです。

大きなことから取り組まなくても大丈夫です。まずはできることから始めましょう。スモールステップでボチボチと。すごくなくても偉くなくても、格好つけなくても大丈夫です。ありのままの自然体で、できることをマイペースにやり続けていきましょう。継続は力となります。できないことがあれば、人に頼りましょう。お願いしてしまいましょう。助けてもらったら感謝しましょう。迷惑をかけたら謝りましょう。素直で誠実にいましょう。

何だか学校の先生みたいになってしまいましたが、結局、最終的にはシンプルなんですよね。しかし、言うは易く、実行するのは難いものです。ですから、やれないことがあっても自分を責める必要はありません。また次の機会があります。大事なことは忘れないことです。できない理由よりもやりたくなる理由を探しましょう。目的を見出しましょう。目的本位でいきましょう。

自分の人生は自分でつくることができます。私たちは底抜けに自由なのです。はじめの一歩を踏み出す勇気は、勢い重視です。エイヤーで行動してしまいましょう。考え始めたら足が止まります。だから時には考えない。失敗も成功もどちらでも構いません。立ち上がれないほどの傷を負ってはいけませんが、私たちには治癒能力があります。大丈夫、治ります。自分の力を信じて人生を楽しんでしまいましょう。あなたにはその力があるのですから。

おわりに

世の中のあまねくすべてのことには意味があるのかもしれないし、ないのかもしれません。すべての出来事は、必然的に起きているかもしれないし、偶然なのかもしれません。自分がこの世に生を受けたことには意味があるのかもしれないし、ないのかもしれません。共に働く仲間は、出会う前から惹かれ合い、何かの使命があって一緒に働いているのかもしれないし、そうじゃないのかもしれません。奥さんとは赤い糸で結ばれているのかもしれませんし、違うかもしれません。

何にせよ、本当は何が正しいことなのか、私にはわかりません。しかしながら、私たち自身が目の前の物事をどう見て、どう考えるかを自由に選択して決められることだけはわかります。

私は4人の子持ちと自己紹介しましたが、実は5人の子持ちになっていたかもしれません。2人目に生まれた長女を早産で亡くしています。そのときに妻は自分の体のせいで娘を死なせてしまったと考えて情緒不安定になりました。そして、悲しみに暮れていたとき、とある一冊の本に出会い、私たち夫婦は救われました。

そこに書いてあったことは、「人は死んでもまた会える」ということでした。また、「親を成長させるために亡くなる子供の魂もある」ということでした。私には、亡くなっている人の魂を見る力もありませんし、そもそも魂やあの世があるかどうかもわかりません。しかしながら、あのときの私たち夫婦が救われたことは事実です。あの一冊との出会いがなければ、今どうだったかと考えると恐ろしくなります。とはいえ、今現在、救われたからといって、特定の宗教観をもつようになったわけでもありませんし、フワフワ系のスピリチュアルな分野が特に気になるということにもなっていません。

物事をどの視点から見るか、何を信じるかということは、自分で決められます。私は、自らの経験から、自分の都合で、自分と自分がかかわる人たちにとって幸せになれる見方を選択したらよいのだと常に思っています。ですから、本書を皆様方の都合のよいように解釈していただいて一向に構いません。少しでも心が軽くなり、前向きに明るく明日からの仕事に取り組むためのお役に立つことができれば幸いです。

ほんとに「おわりに」なりますが、会社のみんな、家族、友人、知人、私にかかわってくれるすべての方々にこの場をお借りして感謝いたします。そして、私の書きたいようにほぼ自由に書かせてくださり、編集を担当してくださいました鈴木良二さんと同友館さんの太っ腹加減に心の底から感謝しております。

最後の最後まで、お読みいただきましてありがとうございます。皆様とのご縁に感謝！

■著　者

伊藤 彰記（いとう あきのり）

株式会社ホウキン代表取締役
株式会社るるまる代表取締役
株式会社コア代表取締役
コア・コンサルティング代表
『自分の小さな箱から脱出する方法』のアービンジャー公認ファシリテーター
一般財団法人 日本コンサルタント協会 公認コンサルタント
一般社団法人 日本プロセラピスト養成協会 心理セラピスト

1948年創業の鉄鋼問屋４代目現役社長。６割売上がダウンしたリーマンショック直後に家業を引き継ぎ社長に就任、最悪の状態から売上４倍、従業員数も４倍に成長、増収増益を続けている。現在は、事業の多角化を進め、10事業３社の代表取締役を務める。その傍ら、自社を変革させたプロセスを体系化（COAメソッド）し、他の企業にも導入できるようにコンサルティングメニューを構築、組織開発のコンサルティング業務も行っている。仕組みやシステムなど、「やり方」だけのアプローチではなく、主に「人間関係改善」や「意識改善」など、「あり方」にアプローチし、分離されがちな心の領域とビジネスの領域を統合させることで、問題の根本解決をはかっている。

2017年12月25日　第1刷発行

何もしないリーダーの
みんなが疲れないマネジメント

発行者　脇　坂　康　弘

〒113-0033 東京都文京区本郷3-38-1
発行所　株式会社　同友館
TEL.03(3813)3966
FAX.03(3818)2774
http://www.doyukan.co.jp/

落丁・乱丁本はお取り替えいたします。
西崎印刷／萩原印刷／松村製本所
ISBN 978-4-496-05327-6
Printed in Japan